NPOの後継者

僕らが主役になれる場所

富永一夫・永井祐子——著

水曜社

はじめに

私が21年間勤めた会社を退職し、特定非営利活動法人エヌピーオー・フュージョン長池（以下、ＮＰＯフュージョン長池）を設立したのは、１９９９年のことだ。

それまでビジネスマン一筋で生きてきた私は、家族と共に多摩ニュータウンに転居し、管理組合の理事になったことをきっかけに「地域デビュー」。「お世話係」として地域のコミュニティ活動に関わるようになった。

そこで出会ったたくさんの人びとのすばらしい力を融合（ＦＵＳＩＯＮ）し、ボランティア・マインドとコミュニティ・ビジネスによる新たな創造を生み出したい。そんな思いを具現化するために、サラリーマンとしての生活に区切りを付け、ＮＰＯ法人として活動する道を選んだのだった。

その後、地域の暮らしや住まいづくりの支援などを経て、２００１年7月からは八王子市長池公園自然館の管理・運営を受託するようになった。その実績をもとに、２００６年4月からは「フュージョン長池公園」（構成団体：ＮＰＯフュージョン長池、㈱富士植木、㈱プレイス）の代表団体として、八王子市長池公園の指定管理者となっている。

さらに、２０１４年4月からは八王子市東部地区の１５２公園・緑地の指定管理者にもなった。長池公園が20ヘクタールであるのに対して、合計面積がその6倍以上の１３２ヘクタールもある広大な公園・緑地の管理である。

こんな大事業を手がけることができているのは、私たちの世代に続く若者たちの存在が大きな鍵となっている。彼らの若い力なくして、今のＮＰＯフュージョン長池の姿はないといっても過言ではない。まだまだ発展途上ではあるが、彼らの力により、このＮＰＯフュージョン長池の未来に大きな可能性が開けてきたことを私は感じつつある。

現在、ＮＰＯフュージョン長池には、23歳から36歳まで5人の若者が正規職員として働いている。活動に参加し始めた頃には、ＮＰＯとは何かもまったく分からないだけでなく、あいさつも満足にできないほど未熟だった彼らが、いかにして自覚を持ち、そしてこの活動を支える大きなエネルギーとなるほどの力をつけつつあるのか。そのために、私がどんな思いを、どんな風に彼らに託してきたのか。

この本では、彼らとの歩みを振り返りながら、創業者である私たち世代からの後継の取り組みをご紹介したいと思う。

今、私たちのようなＮＰＯ法人はもちろん、社会福祉法人、財団法人、社団法人、町会、自治会などさまざまな非営利組織において、後継者をどうするかという問題に直面しているケースは多いだろう。私たちの経験が、活動を次世代へ後継していく試みの一例として、何らかのお役に立てればうれしい。

また、日本人の価値観や幸福感が多様化してきた中で、金銭による価値を求めるビジネスの世界に違和感を抱いている若者も多いように見受けられる。自分自身が長年ビジネスの世界で生きてきた私から見れば、「何を甘いことを言っているんだ。そんなことでは生きていけないぞ！」と苛立つ思いがあるのも事実である。

一方で、長年企業で金銭的利益を追い求めるビジネスをしてきた私にも、もちろんお金だけが人生の基軸ではないという気持ちはある。特に、震災時などに無報酬で活躍する人たちの姿には大きく心を動かされた。

そんな私が、若い彼らと共に過ごしてきて感じるようになってきていること。それは、ビジネスの世界に違和感を持つ心優しい若者たちが、彼らなりの強靱性を身につけてしぶとく、したたかに生きることを肯定してあげれば、経済至上主義ではない、いわば人間至上主義とでも言うべきすばらしい社会が見えてくるのではないか。そんな社会をぜひこの目で見てみたいという思いだ。

この本が、そんな若者たちが自分らしく生きていくためのひとつの選択肢として、こういう働き方、こんな自己実現の方法もあるのだというヒントになれば幸いである。

第1章では、私の立ち上げたNPOに5人の若者が集まってきて、NPOフュージョン長池の歩みを振り返りながら、組織のあり方、私たち第一世代の思いを学び、実力をつけ、自信を深めていく物語を振り返ってみる。

第2章では、その学びの内容を彼ら自身の手でまとめたものをご紹介する。彼らがどんな内容を受け継いだのか、後継者へノウハウを伝えたい方への参考になるかもしれない。

第3章では、若者たちが自分たちの歩みを振り返り、今後どんなことをしていきたいのか、それぞれの夢を語ってもらった。

そして、第４章には、私と共に彼らを見守り育ててくれた第一世代にエールの言葉を寄せてもらった。

また、今回は特別寄稿として、この地域を専門に研究している東京大学の大学院生岡田さんに、地域活動の歴史について書いていただいた。合わせてお読みいただくことで、私たちの活動の場であるこの地域についての理解を深めていただくことができるだろう。

なお、ＮＰＯフュージョン長池については、２０００年4月に『多摩ニュータウン発 市民ベンチャーＮＰＯ「ぽんぽこ」』(日本放送出版協会)、２００4年9月に『市民ベンチャーＮＰＯの底力 まちを変えた「ぽんぽこ」の挑戦』(水曜社)という書籍を出版している。(２０１2年10月に『ＮＰＯの底力』の増補新版も出版)

これまでの経緯についての詳しい話はそちらも参照していただきたい。また、前作をお読みいただいた方には、その後のＮＰＯフュージョン長池がどんな道を歩んでいるかについてのご報告も兼ねて、お読みいただければと思う。

多摩ニュータウン位置図

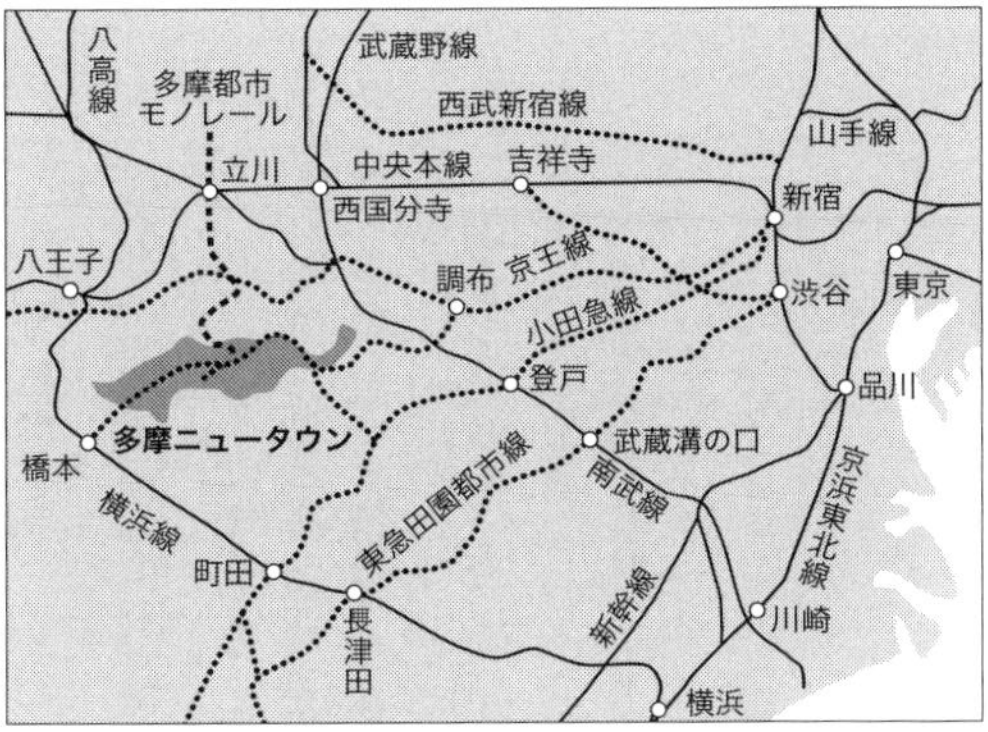

多摩ニュータウン

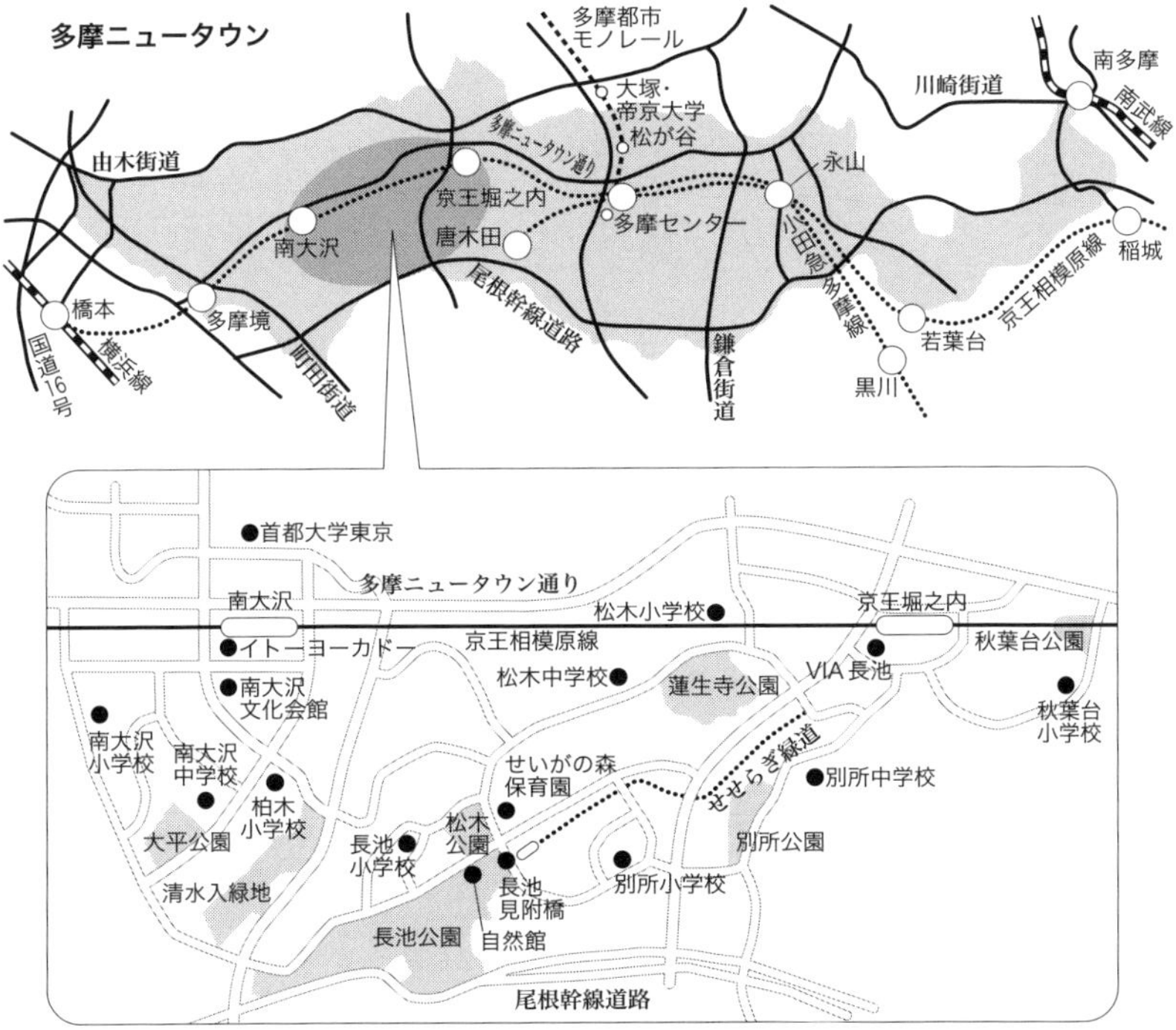

【目次】

第4章　贈る言葉

主な登場人物（登場順）　※年齢は２０１５年３月現在

■富永一夫（62歳）
ＮＰＯフュージョン長池理事長。47歳で会社を退職し、「持続できる事業型」を目指して地域活動のＮＰＯを創設。期せずして集まってきた心優しき若者たちを日々叱咤激励しながら、ＮＰＯの後継者として自立してくれる日を楽しみにしている。

■新川雅之（55歳）
ＮＰＯフュージョン長池理事。ＮＰＯの存在を教え、何かと相談に乗りながら富永を支えてきた「ＮＰＯの先生」。２０１０年より「新川塾」という勉強会を開き、若者たちに後継者としてのノウハウと心構えを教えてきた。

■内野秀重（55歳）
造園都市計画コンサルタント会社㈱プレイス所属。自然保護・自然体験に関する活動や講師を多数務める、里山のプロ。長池公園造成時には植生調査のとりまとめにも関わった。２００６年より長池公園の園長を務めている。

■大沢敦（34歳）
東北大学理学部生物学科卒。２００８年４月よりＮＰＯフュージョン長池勤務。長池公園自然館で出会った女性と結婚し、1男1女（３歳、０歳）をもうける。体を動かすことと動植物が好き。物静かな性格で、緑に囲まれているのが一番の幸せ。

■富永哲夫（30歳）
帝京大学経済学部卒。富永一夫の長男。福祉団体ＮＰＯ法人、教育コンサルタント会社を経て２００９年９月よりＮＰＯフュージョン長池勤務。小学校の頃からサッカーをやっており、将来は総合型地域スポーツクラブを経営するのが夢。

■小林健人（28歳）
首都大学東京都市教養学部卒（生命科学専攻）。２０１０年７月よりＮＰＯフュージョン長池勤務。生まれながらのナチュラリストで「日本野鳥の会」「日本自然保護協会」など多くの団体に所属するほか、資格も多数取得。子供と猫が好き。

■田所喬（36歳）
茨城県出身、文教大学国際学部卒。２００７年より多摩ニュータウンに在住。英語教室に９年間勤務した後、２０１４年４月よりスマートパークス由木勤務。妻と1女（6歳）の３人家族。人と話すことが好きでクレーム処理も厭わない。

■柳田拓也（23歳）
埼玉県出身、東京経済大学経済学部卒。２０１４年より八王子市在住。２０１４年４月よりスマートパークス由木勤務。音楽ライブに行くことと漫画を読むことが好き。口数は少ないが、ひとりで淡々と作業を進めるのが得意。

第1章

NPOの後継を育む

プロローグ

「いーち、にぃー、さーん、しー、もういいよ！」。子どもたちの元気な声が聞こえてくる。

ここは、八王子市の蓮生寺公園内にある通称「とちの木ひろば」。

広場を囲むように建っている公園の管理棟から職員が出てくると、遊んでいた子どもたちの中からひとりの女の子が、うれしそうに駆け寄ってきた。

「パパ〜！」。

女の子は、ここの職員である田所さんの愛娘だ。電車や車で長時間通勤する人が多い現代社会において、自分や家族が住んでいる地域の中で働けるというのは、ある意味とても贅沢なことだろう。田所さん自身も、ここに来る前の職場と比べて家族と過ごせる時間が増えた今、とても幸せだと喜んでいる。

「田所さーん、ちょっと電話代わってもらっていいですか？」

管理棟の中から女性スタッフが呼ぶ。公園近隣の住民から何か要望の電話がかかってきたようだ。

「もしもし、お電話替わりました。はい、あー、そうですか。なるほど、分かりました。では、今からそちらに伺ってもよろしいですか？」

2014年から指定管理者となった八王子市東部地区152の公園・緑地では民地と接して

いる箇所も多く、日々、さまざまな要望・苦情が寄せられてくる。そうした声に応えるのも、私たちの重要な仕事だ。

こじれそうな話は、なるべく早く直接会いに行くことが解決につながる。受話器を置いた田所さんが、黙々とパソコン作業をしていた青年に声をかけた。

「今から行ってくるけど、柳田君も出られる？」

公園管理者のくせに草刈りは気の進まない田所さんだが、みんなが二の足を踏む市民からの要望対応は率先して引き受けてくれる。素直な柳田さんも、おとなしく付いて行く。

慌ただしく2人が出ていった後、ふと気がつくと、入口に小学生ぐらいの男の子が立って、中をうかがっている。

「どうしたの？」

「あのー、この花、なんていう名前なのかなぁと思って……。」

「あら、珍しい花ねぇ。なんだろう？　健人さーん、ちょっと来て！」

奥から出てきた健人さんは、動植物にめちゃくちゃ詳しい。自然のことなら、ここに来ればなんでも教えてもらえるという評判が広がったようで、最近ではいろいろな人が、おとなも子どももこうやって聞きに来るのだ。木や花が大好きで、話し相手を求めてやってくる老人もいる。いろいろな世代の人が集まって来る公園は、街の交差点だ。

「うーん？　あんまり見かけない花だね。これ、どこから持ってきたの？」

すぐには答えが見つからず、子どもといっしょに外へ出て行った健人さん。今やっていた自分の業務は中断されてしまったけれど、子どもと大好きな植物の話をすることで地域貢献できるのは、彼にとってはこの上ない喜びでもある。

そんな光景を眺めながら、私はつくづく幸せだなぁと思う。数年前までは、私自身があちこちをかけずり回り必死でがんばってきたが、今はこうやって若者たちが日々の業務をこなせるようになった。

もうひとつの職場である長池公園の自然館では、館長の大沢さんと私の息子である副館長の哲夫が、女性スタッフたちと協力しながら運営にあたってくれているので、私が毎日顔を出す必要もない。

造園業者との打ち合わせなどは、私より何倍も植物に詳しい大沢さんに任せておけば間違いない。穏やかで謙虚な彼は、生きがい就労のシルバー世代との相性もよく、困ったときにはうまく助けてもらっているようだ。

哲夫は、女性スタッフに教わりながら経理を覚えつつ、サッカーでいうミッドフィルダーの如く、組織全体を把握しようと奮闘している。

こうして、日々の業務の９割は、彼らがお互いの個性を活かして分担しながら、私が指示しなくても自主的に意識決定できるようになってきている。もちろん、まだまだ彼らだけではできないこともあるし、私に叱られてしょげていることもある。そんなときは、「富永さんたら、あんな風に言わなくなっていいのにねぇ。一生懸命やっているのに！」などと、女性スタッフたちが優しく彼らを慰めてくれる。

私の個人的な思いから始まったひとつの活動が、今こうやって多くの人と分かちあえるものとなり、さらに次世代につなぐこともかなおうとしている。ここに至るまでの、平坦ではなかった道のりを思い返すと、まさに夢のようだ。

第一世代が土台をつくる

経済的に自立できる「事業型NPO」をつくろう

私の地域活動との関わりは、多摩ニュータウン内の団地の管理組合で理事を務めたことに遡る。地域で心の通い合う暮らしを実現したいという思いから、近隣の団地や団体とゆるやかなネットワークを組織して、さまざまなコミュニティ活動を行ってきた。地域活性化、住宅管理、住まいづくりなどを支援するその活動は、次第に多くの人の共感を集め、大きなうねりとなってきていた。同じく多摩ニュータウンに住む社会学者でもある知人からは、「富永さんのやっていることはＮＰＯに向いている」とアドバイスされていた。

しかし、いろいろ調べてみても、経済的自立はどうするのかという話が出てこない。会費を払い、手弁当で活動して不特定多数の人に貢献するというやり方に、私は疑問を抱いていた。そんなやり方では、定年退職をして年金をもらいながら余生でやるような人にしかできないではないか。

そんな私に光を与えてくれたのが、新川さんとの出会いだった。

私が初めて新川さんと出会ったのは１９９７年の秋のことだ。多摩ニュータウン30周年を記念して行われたあるシンポジウムにおいて、当時長銀総研に勤務していた新川さんは、スマートバレー・ジャパンという組織の実行委員として登壇していた。話の内容は、アメリカのシリコンバレーの成功を可能にしたのは地域コミュニティであり、日本においても、ビジネス活動を支えていくためには地域のＮＰＯ活動が不可欠だというものだった。

大いに関心を持った私は、その場で新川さんと名刺交換。さっそく翌日から、ＮＰＯについて教えを請うことにした。

新川さんによると、アメリカではＮＰＯ法人に就職するのか、営利型組織に就職するのかが選択肢として並列するほど、ＮＰＯの社会的存在が認められているのだという。さらに、ＮＰＯ法人であってもトップマネージャーともなれば年収1千万円以上を取れる人もいるというではないか。

この話を聞いて、私の中に新しい方向性が見えてきた。税金で安定的に社会のセイフティーネットを受け持つ「公」と、営利目的の「私」。その隙間を埋める存在は、今後どんどん重要性が増すはずだ。当時、ＮＰＯといえば99パーセントがボランティア団体だったが、それが経済的自立を果たし、公でも私でもない中立的な存在として機能したら何が起こるのか。

それこそ、まさに我々が目指すべきＮＰＯではないか。だとしたら、その活動が、余生で始めた発起人の一代限りで終わるものであっていいのだろうか。

そう考えたとき、経済的にも自立できる、「事業型の」「持続できる」ＮＰＯ法人をつくりたいという思いを抱くようになったのだ。

世の中では、１９９８年の12月に「特定非営利活動促進法」、いわゆるＮＰＯ法が成立する。1995年の阪神淡路大震災でボランティアが活躍するという出来事を受けて、ボランティア団体にも法人格を与えて、社会的信用を得やすくしようというものだ。

決心を固めた私は、その後さまざまな人の助けを借りながら準備を進めた。そして、1999年の4月には会社に辞表を提出した上で「NPOフュージョン長池」の設立総会を実施、同年の12月には東京都の認証を受けるに至った。

自然館の管理・運営業務を受託する

NPO法人といえば60歳以降の人がやるものという認識が一般的だった時代である。それを、現役ドまん中とも言える47歳の私が、しかも事業型のNPOを目指すということは、大いに世間の注目を集めた。あの頃は、ほぼ毎月のように大手の新聞やテレビ局に取り上げられるという日々が続いた。そのおかげもあってか、それまで取り組んできた活動が評価され、新しくオープン予定の八王子市長池公園自然館の管理・運営を業務委託されることになった。

自然館とは、長池公園の入口にある地域住民のための体験学習施設だ。里山に関する常設の展示室や企画展示室、工作や工芸のための工作室、講演会などが行えるレクチャールーム、会議室などを備える。その管理・運営を任されることになったのだ。

年末年始を除いて毎日開館している施設の受託業務を行うからには、継続的に働いてくれる人手が必要となる。当時のNPOフュージョン長池は、さまざまな人の力を借りて活動してきたものの、フルタイムで携わっているのは私ひとりだった。

そこで白羽の矢を立てたのが川端さんだ。当時川端さんは70歳。化学メーカーで工場原価管理や営業、業務管理などの経験があり、退職後は鎌倉のシルバー人材センターで理事を務め、鎌倉市がＮＰＯ支援センターをつくる際にはその立ち上げにも参加している。ちょうどその頃は、鎌倉の自宅を売却して、息子さん夫婦と同居するために多摩ニュータウンに越してきたばかりだった。

そんな川端さんに頼み込み、経理などの管理業務を担当してもらうことにした。川端さんは、「この街に来たらもう何もすることはないと思っていたけれど、今までの経験を活かして働ける場ができるとは、富永さんが第三の人生をくれたよ。決まった時間に出勤するという当たり前の毎日に喜びを感じるし、ここでいろいろな人に触れあうことは新しい刺激にもなるから、生きる活力が沸いてくるね」と言って、がんばってくれた。現在のＮＰＯフュージョン長池で使用している業務レポートの原形は、川端さんがつくってくれたものだ。

電話の受付などはやはり女性が適任だろうということで、地域のお母さんたち３人にもパートをお願いして、２００１年７月に自然館の管理・運営業務がスタートしたのだった。

専門家を迎え、長池公園の指定管理者となる

自然館のような施設の管理や運営の業務には素人であった私たちだが、ゼロから勉強を始め、ひとつひとつ経験を積んでいった。そして胸を張って自然館を運営できるようになった頃、次なるステップに進むことを決意する。自然館のある長池公園の、公園全体を管理する業

富永一夫

務の指定管理者となることだ。

それまで公園など「公の施設」の管理は、公共団体か公共団体が出資する法人が管理するものとされていた。それが２００３年９月の法例改正により、企業やＮＰＯが「指定管理者」としてその管理業務を行う道が開けたのである。

これを受けて開始された八王子市の募集に応募したところ、見事指定管理者の座を勝ち取ることに成功。２００６年４月より指定管理者「フュージョン長池公園（構成団体：ＮＰＯフュージョン長池、㈱富士植木、㈱プレイス）」の代表団体として、長池公園の管理業務を開始することになった。

共同管理者として名前を連ねている㈱富士植木は緑の設計・施工・管理の専門家で、ＮＰＯ法人設立当初に住まいづくりのプロジェクトでお世話になって以来の付き合いである。㈱プレイスは、多摩丘陵の動植物の専門家である内野さんが所属しているコンサルタント会社だ。

内野さんは、ＮＨＫ文化センターの講師も務めている里山のプロだ。長池公園が造成されたとき、その植生を最後にとりまとめた人物でもある。「長池公園の自然を守るという意味では、富永さんの片腕として彼以上の適任はいない」ということで、人から紹介されたのだった。

この業務を請け負うことができた大きな要因は、すでに自然館の管理・運営業務で４年以上の実績を重ねてきたことが大きい。しかし、そんな私たちも公園管理に関しては素人だ。そこで、その方面の知識不足を補うために来てもらったのが内野さんなのである。

「私はさっぱり自然のことは分からないので、大したお金も出せなくて申し訳ないんだけど、手伝ってもらえますか？」と頼んでみたところ、内野さんは「僕のライフワークですから」と快く引き受けてくれた。

そんないきさつだったので、そもそも彼の協力なくして公園管理という業務は始められなかったのだが、その内野さんの存在が、後々私たちの後継候補となる若い世代を呼び込むことにもつながってくるとは、そのときは想像もしていなかった。

内野さん

生きがい就労のお父さん世代と、パートのお母さん世代

専門家に加わってもらったものの、公園全体の管理を行うには、まだ人手が足りない。困ったなと思っていたところに、ある日大沢彬さんがふらりと遊びにやってきた。

ＮＰＯフュージョン長池では、以前「夢見隊」という、コーポラティブ住宅をつくるプロジェクトを行っていた。住宅メーカーやディベロッパーから住宅を買うのではなく、何人かが集まって共同で土地を購入し、直接設計者や工務店に依頼して自分たちの好みの家を建てようというものだ。その第一期プロジェクトに参加した14世帯のうちのひとつが大沢家だったのだ。

話を聞くと、大沢さんも今はリタイアしてフリーの身だという。懐かしい昔話にひとしきり花を咲かせた後、ぜひこの長池公園の手伝いに来てくれないかと依頼してみた。人手は欲しいがお金はないという現状で、リタイアした人なら時給にこだわらずに働いてもらえるのでは？とひらめいたのだ。

大沢さんは、1年間は職業訓練で植栽管理の勉強に行く予定があるので、今すぐには無理だけど、それが終わった後だったら手伝ってもいいと言う。「ただし、丸一日働く体力はないから半日だけ。しかも、週に2、3回ぐらいでいいならね」。

そのときは困ったなと思ったが、よく考えてみると、これは逆にいい発想かもしれない。こちらの懐事情と必要に合わせて「週に2回、6時間だけ来て下さい」などという形のオファーは、こちらにとってもむしろ都合がいい。よし、シルバー世代の助けを借りよう。

さっそく内野さんにも相談して人を探した結果、何人かのシルバー世代が手伝いにきてくれることになった。こちらが希望する日だけ働いて欲しいと言えて、働く方も「この日は来たくない」と自由に言える。夏の暑い日は夏休み、冬の寒い日は冬休み。土日は人が多くなって危ないので作業はしなくていい。月〜金の間で、私たちが必要とするときだけ、彼らが働いてもいいと思う分だけをうまく調整してアルバイトに来てもらう。いわば究極のフレックスタイムだ。彼らにしてみても、自分のペースで働ける「いきがい就労」となるから喜んでもらえる。

その頃、経理を担当してくれていた川端さんがだんだんと年を取ってくる中で、代わりに菊池さんという女性がそれを引き継いでくれるようになっていた。

さらに、パートで来ていた榊さんにはウェブサイトを、阿部さんには公園のサインボードやポスターを担当してもらうようになっていた。２人とも美大出身でカラーコーディネーションやウェブ作成に興味があるというので、経費を捻出してスキルを身に付けてもらったのだ。

私が人に何かをお願いするときは、「その人が好きなことをやってもらう」というのをモットーにしている。人間、好きこそ物の上手なれである。しかし、誰もが好きなことを自分で探せるとは限らない。そんなときは「何が嫌い？」「やりたくないのは何？」と聞いてみる。そうやって「好きなこと」探しをお手伝いしてあげるのも私の役割だと思っている。

彼女たちも、今では自分の作品が街中にあふれ、自分のつくったサイトをみんなに見てもらえることを喜んでくれている。

こうやって、みんなが少しずつ力を合わせて、チームとしての業務がうまく回るようになってきていた。

次世代の学びを考える

20代の若者がやってきた

内野さんやシルバー世代のお父さんたち、パートのお母さんたちと協力しながら、長池公園の管理業務をうまくこなせるようになったある日のこと。私にシルバー世代の活用というアイディアをくれた大沢さんの息子である敦さんが、このＮＰＯフュージョン長池にやってくることになった。

大沢敦さん（以下、大沢さん）は大沢彬さんの長男で、当時28歳。父親の彬さんによると、大学の生物学科で植物分類学を専攻し大学院に進んだが、どこにも就職せず、今は、近所の緑地で珍しい植物を見つけては自宅で図鑑を眺めて日々を過ごしているのだという。父親の彬さんも心配そうだ。私にとっても地域の子どもは自分の子どもみたいなものだという意識がある。なんとか力になってあげたい。それだったらと、この長池公園を手伝ってもらうことにした。２００８年４月のことである。

父から手伝ってみないかと言われて、特にすることもないし気分転換になればというぐらいの軽い気持ちだったと思います。ただ、大学の頃から、漠然と自然と関わる仕事ができ

ればいいなとは思っていたので、次第に長池公園での仕事にとても魅力を感じるようになりました。（大沢）

そんな成り行きで大沢さんを週1、2回のアルバイトとして雇い始めたものの、若者がずっと働く場所としては、当時のＮＰＯフュージョン長池は、あまりにも将来性がなさすぎた。その時点では八王子市の指定管理者としての収入があったとはいえ、3年という期限がある。継続できなければ財政の保障はなくなってしまう。そんなところに未来ある若者を引き留めておくわけにはいかない。

心配した私は、富士植木に転職したらどうかと勧めてみたのだが、本人は首を縦に振らない。消え入りそうな声で下を向いたまま、「お金は少なくてもいいから、ここに置いてください」などというのだ。

彼がここに執着する理由のひとつには、内野さんの存在があった。何しろ里山のプロだから、植物にはめっぽう詳しい。大沢さんにとっては、自分が大好きな自然と毎日接することができて、しかも自然に詳しい内野さんのそばにいられることは、さぞかし居心地のいいことだったのだろう。

大沢さんが来てから1年ほどたった頃、もうひとりの若者がこ

大沢さん

哲夫さん

こNPOフュージョン長池に通うようになった。私の息子の富永哲夫である。

当時25歳だった哲夫は、大学を卒業後、福祉法人や民間企業で働いてみたものの、いずれも肌が合わずに離職していた。大沢さんと同様、満員電車に乗って都心に働きに出るのは嫌なのだという。学生時代からサッカーをやっていて、「スポーツを通して人の役に立ちたい」という漠然とした夢はあったようだが、そのためには何をしたらいいのか分からずにいた。

そんな風に行き場を失った状態の息子をぼやいていると、NPOフュージョン長池のみんなが心配してくれて、「だったら、ここに来てもらったらいいじゃない？　最低限度のアルバイト代ぐらいなら、なんとかなるよ」と優しい言葉をかけてくれる。

本人も父親と同じ職場で働くことにはかなり抵抗があったようだが、私としても複雑な気持ちだった。理事長である私の息子となれば、まわりの人は世襲だと思うだろう。しかし、私にはそのつもりはまったくない。このNPOは私がつくったものではあっても、今は地域の財産だと思っているのだ。息子であるが故に、常に私と比べられることにもなるだろう。それは本人にとっても不幸なのではないか。

逡巡している私に、みんなは「将来のことはともかく、とりあえずは置いてあげればいいじゃない」という。そこで私は「地域に存在する若者が、たまたま私の息子だったのだ」と割り切ることにした。逆に考えれば、私の息子だからといって、それだけの理由で参加することを否定されるのも理不尽な話だ。理事長を継ぐかどうかはあくまで本人の適性の問題。もし将来的にみんながそう推してくれるならそれでもいいが、あくまでも私の意思ではない。そう気持ちを整理した。

そもそも、本人も「とりあえず、ちょっとだけやってみる」と言っている。いずれはどこかに再就職するまでの社会勉強のつもりで、アルバイトを始めるようになった。

「自分の父親が設立したとはいえ、その頃はＮＰＯがどんなものかよく分かっていませんでした。でも、自分の漠然とした夢を実現できそうな組織に近いのかなとは感じたし、社会の仕組みや地域のことを学んだり、人間力を付けたりという意味でも、ここで働いてみることは自分にとって勉強になりそうだと思いました。」（哲夫）

NPOも富永も「ピンピンコロリ」で上等だ！

とにもかくにも、ＮＰＯフュージョン長池は、20代の若者２人を抱え込むことになってしまった。

長池公園の第一期指定管理者としての協定は２００８年３月で終了となるが、幸いにも、引き続き翌年４月からの第二期も任されることが決まっていた。今度は５年協定なので２０１３

年3月までだ。とりあえず当面の収入の見通しは確保できたものの、相変わらず財政は苦しいし、ましてその先のことは分からない。

とりあえずの「つなぎ」のアルバイトだったはずの哲夫は、よそへ行く気はなくなってしまったようで、ここを出て行く気配がない。

このNPOフュージョン長池の後継はどうするのかという問題を、その頃から現実的に考えるようになってきていた。周囲からも問われるようになって、私は迷っていた。私たちの第一世代はどんどん年を取っていく。次回、第三期指定管理者も5年間協定できたとして（結果的には3年だったのだが）、それが終わるときには私はもう67歳だ。

ひとつには、私一代で終わってしまってもいいじゃないかという気持ちもあった。事業型NPOを目指しては見たものの、現実問題として、やはり持続可能なNPO法人をつくるのは簡単ではない。経済力が限定的である以上、将来の不安はぬぐえない。

日頃私は「NPOフュージョン長池も富永一夫もピンピンコロリが最高だ！」とうそぶいていた。やれるところまでやって、その後は行政にお返しすればいい。絶対にNPOフュージョン長池でなければならない理由なんてないじゃないか。やれるところまでやったというだけでも、社会貢献したという意味はあるはずだ。大沢さんや哲夫は、実力だけ付けてやって転職させればいい。2人ぐらいなんとかなるだろう。そう思い至ったとき、私の心はスッキリしていた。

もうひとり若者が来てしまった！

ところが、そんな私の思いを知ってか知らずか、神様はさらにもうひとりの若者を送りこんできたのだ。

小林健人さん（以下健人さん）、当時24歳。彼も植物分類学専攻で大学院まで進み、いったん野生動物保護管理の会社に就職したが退職したという経歴の持ち主だ。

当時のスタッフには小林という人がすでにいたため、苗字ではなく「健人さん」と呼ばれることになる彼が、NPOフュージョン長池にやってきたのは、退職して1週間後のことだった。幼少時代から植物が大好きで、町田市の公園調査に取り組んでいたつながりで、ライフワークとして当時町田市の植物を調べていた内野さんを以前から「植物の先生」として慕っていた。その内野さんを頼って、進路についての相談にやってきたのだった。

健人さん

ひと通り話を聞いた内野さんに、「じゃあ、ここでちょっと水やりでもしていく？」と言われ、その日は公園で水やりをして帰って行った健人さん。とりあえずは「里山サポーター」ということで、ボランティアとして週に3回ぐらいのペースで通って来るようになった。

ここへ来た当時、健人さんは公私にわたっていろいろな悩みを抱えていたらしい。

せっかく就職したのにやめてしまって、自分には何もなくなってしまったという挫折感もあり、気分的にずいぶん落ち込んでいました。それが、ここに来て公園の水やりをしながら、まわりで働いている人たちの温かさに触れて、少しずつ将来のことも考えられるようになっていきました。３ヶ月ぐらいたった頃には大分まわりの人とも打ち解けてきて、だんだんと公園管理の仕事に魅力を感じるようになっていたと思います。（健人）

当時をそんな風に振り返る健人さんは、その年の12月にはアルバイトとして有給で働くようになり、やがては正規の職員として、その専門知識を活かして大いに活躍してくれるのだが、それはまだ先の話だ。

一方で、その頃の私は状況の変化に対して、正直頭を抱えていた。「自分一代で終えてもいい」といったんは腹をくくったつもりだったのに、どういうわけか３人もの若者の面倒を見ることになってしまったのだ。さあ、大変。本音を言えば「勘弁してくれ！」という気分だった。

新川塾を始めよう！

「新川塾」がスタートしたのは、ちょうど健人さんが来てまもなくの頃だ。

新川塾とは、私にとっての「ＮＰＯの先生」である新川さんに先生になってもらい、月に１回のペースで行われるようになった若者たちのための勉強会だ。

ＮＰＯの後継問題について、一度は「ピンピンコロリでおしまい！」と割り切ったけれど、私の気持ちは大きく変化し始めていた。

３人もの若者たちがどうしてもここに置いてほしいと言って集まってきている。パートのお母さんたちも、シルバー世代のお父さんたちも、みんな居心地がいいと言ってくれている。清掃をお願いしている福祉団体も喜んでくれている。

そうやってだんだんといろいろな人が集まってきて、渦巻きが大きくなるように人の輪が広がってきているのを見ていると、「もしかしたら、これは継続しなくてはいけないのかもしれないぞ」と感じるようになっていたのだ。

それならば、後継問題から逃げるのではなく、ＮＰＯフュージョン長池を後継してもらえるような組織にするために、積極的に取り組んでいこうと考え始めた。

当時の状況からすると、私が引退した後は、私より７歳若い内野さんが引き継ぐのが妥当かと思われていた。しかし、内野さん本人はまっぴらごめんだという。植物への見識は深いが、組織には関心がないし、彼個人は専門家として行政からも引く手あまただ。

考えてみれば、日本古来の農村では親から子へ、子から孫へと世代がつながれてきたのだ。土着の地域貢献型ＮＰＯを残していくなら、親世代から子世代へ、子世代から孫世代へと、世代をつなぐという後継手法がふさわしいのではないか。それなら、頼りないこの若者たちに賭

新川さん（左、新川塾にて）

けてみようか。

そうとなれば、組織を運営していくための基礎的な知識を彼らに身に付けてもらう必要がある。ＮＰＯフュージョン長池の行く末は分からないとしても、社会の仕組みやＮＰＯの活動についてきちんと学んでおくことは、いずれにしろ彼ら自身の将来の役にも立つはずだ。そう考えた私は、新川さんに協力してもらって勉強会を始めることを思いついたのだった。

新川さんには、１９９７年のシンポジウムでの運命的な出会い以来、ずっと相談相手になってもらってきていた。ＮＰＯフュージョン長池を設立してからは、理事として参加してもらっている。ずっとボランティアばかりで申し訳なかったので、少しは謝礼を用意してお願いしよう。そう決めた私が「月に1回、あの子たちを教えに来てくれませんか？」と相談してみたところ、新川さんは「喜んでやりましょう！」と快諾してくれた。

新川さんには、以前哲夫に対して「プレ新川塾」とも言える指導をしてもらったことがあった。会社を辞めてしまった頃、新川さんのところに勉強に通わせたのだ。あまりにも何も知らない哲夫に対して、新川さんは根気よく、分かりやすく、社会の仕組みのイロハについて教えてくれた。その経験から、哲夫は新川さんに信頼を寄せていた。

新川さんの話を聞いて、自分がいかに何も知らなかったか、何も勉強してこなかったかを痛感しました。父の話はいつも夢の世界を語っているように感じていたけれど、現実の裏付けの中で話をしてくれたので、とても勉強になりました。そんな経験を通して、新川さんを人間的にも尊敬していたし、父のやってきたことを第三者目線で聞くことにも興味がありました。（哲夫）

第二世代は新しいタイプのリーダーがいい？

一方の大沢さんは、何のためにこんな勉強会をしなくてはいけないのか、その意味が今ひとつ理解できずにいたようだ。ここに来てすでに2年が経っていたが、長池公園で仕事をすることには興味があっても、ＮＰＯという組織にはまったく無関心。未だに「ＮＰＯってなんですか？」というレベルだった。

しかし、長池公園の仕事を続けていくためには、行政と契約を結ぶ主体となるＮＰＯフュージョン長池の存在が不可欠だ。この法人があるからこそ、八王子市からこの公園の指定管理を任せてもらうことができるのであり、彼らの給料だってＮＰＯフュージョン長池が支払っているのだ。つまり、公園で働くことを続けたいなら、興味はなくてもＮＰＯを運営していくという意識を持ってもらわないと困る。その部分をしっかり理解してもらうためにも、勉強会で学んでもらうことは必要だった。

とにかく戸外のこと以外はまったく自分の意識になかったので、正直、何を勉強するんだろう？　と思いました。でも、勉強しなさいと言うからには何かプラスになることはあるんだろうなという期待感はあったので、特に拒否感はありませんでした。（大沢）

なんだかよく分からなくても素直に取り組めるところが、大沢さんの最大の長所だ。実は、その半年ほど前、冬場で公園の実作業が少なくなる時期に、私が呼ばれる全国の講演会に連日大沢さんを連れて歩いたことがあった。公園や植物以外のことにあまりにも関心を示さないので、これではまずいと思い、社会勉強をさせようと思ったのだ。

驚いたことに、その年になるまでスーツを着たこともないという。名刺の受け取り方も知らない。道すがらいろいろなことを話して聞かせても、「はー」と聞いているだけ。何もリアクションがない。

その一方で、興味がないことに連れ回されているというのに、嫌だとか、面倒臭いとか、躊躇したり拒絶したりする素振りが、彼にはまったく見られなかった。必要なことにはスーッと溶け込んで、スーッと理解していく。まるで砂漠に水が染みこむような素直さで吸収していく。いろいろな人を見てきたが、こんなタイプの人間に出会うのは初めてだ。

仕事の内容なんてものは、経験を積めば誰でもできるようになる。でも、生まれ持った性格というのは変えられない。類い希なこの素直な人間性をこのまま大事にしてあげたい。むしろ、大沢さんのこの個性は得体の知れない可能性を秘めているのかもしれないと感じるようにもなってきた。

ゼロから何かを創り出す第一世代には、「俺についてこい！」という豪腕なリーダーシップが不可欠だろう。しかし、すでにでき上がった組織を継いでいく第二世代のリーダーは、まったく違うタイプでもいいのかもしれない。彼のように真っ白で透明でニュートラルで、まわりの人がアドバイスしやすいタイプの人間が真ん中にいる方が、実はうまくいくのではないか。

周囲のいろいろな人の個性を、スポンジのように全部自分の中に素直に吸い込んでいく彼には、急速に成長していく可能性も感じられる。そのことに気がついたとき、なんとも頼りなく見えた大沢さんという人が、もしかしたら後継者には向いているのかもしれない、と私は思い始めたのだった。

地域の中で生まれたロマンス

この頃、おめでたいニュースがあった。大沢さんが結婚したのだ。相手は、自然館にアルバイトに来ていたまりちゃん。大学卒業後、漫画家を目指して修行中だった彼女には、得技を活かしてイラストを描いたりしてもらっていた。２００８年に、この地に伝わる浄瑠璃姫のお話をもとにした『長池伝説』という絵物語をＮＰＯフュージョン長池で自費出版したときには、その絵をすべて担当してくれた。

女性スタッフたちなどは、「あの2人、うまくいっているみたい」とずいぶん前から噂していたようだ。そういう話に疎い私は最後まで気づかなかったのだが、いずれにしろ、地域活動を始めてから私が抱いていた淡い願望が、現実になったのである。

その願望とはこんな世界だ。地域で出会った若い2人がみんなに祝福されて結婚し、「地域の孫」が生まれる。長老は年を取っても何らかの形で地域にずっと関与していける。主婦たちも社会に出て自分の才能に目覚める。若者たちは元気いっぱい働ける。そんな風に現代社会の課題をひとつでも解決できたらいい。単に公園管理をするだけが自分たちの仕事ではないはずだ。まさにそんな願いがひとつ叶った、うれしい出来事だった。

過去の歩みに秘められた意味を学ぶ

新川塾の方は、2010年の8月の日曜日、自然館の会議室で第1回目の勉強会が開かれた。新川さんと相談して、まずはこのNPOフュージョン長池の活動を記録した2冊の本、『NPO「ぽんぽこ」』と『NPOの底力』を教材として学んでもらうことにした。

2冊の本の内容を少しずつ読みながら、各自が宿題として内容をまとめてきて報告。それをベースに新川さんが当時の状況を説明しながら、それぞれの活動にはどんな意味があったのかを説明し、付随する必要な知識を解説していくというスタイルだ。

当時の議事録によると、勉強会の目的は「NPOフュージョン長池の設立から現在までの活動の経緯と背景を客観的なデータにまとめた上で、継続的な経営の仕組みを構築し、理事長に提案する」と書かれている。

富永さんはある意味天才的に動く人で、そのまま凡人がマネできることではありません。しかし、直感だけで動いているように見えて、実はちゃんと考えて動いている。そこには現実的な背景もあるし、裏付けとなる経済的、社会学的な法則も踏まえているのです。若者たちには、それをしっかり学んで欲しいと思いました。そうでないと次に応用できないからです。（新川）

すなわち、私のやってきたことにはどんな裏付けや意図があったのかを、彼らにも理解できるように理論的に説明するというのが、新川さんの役割だ。元々私にＮＰＯを教えてくれた先生であり、かつ、長年の同志として共に歩んできた新川さんだからこそできることでもある。

基本的に毎月1回開かれた勉強会が10回まで行ったところで、２冊の本を元にした勉強は一段落した。その次の段階としては、最終的な目標を、彼らが学んだことを1冊のテキストにまとめるというところに置いた。具体的には、ここまでで学んだことからトピックを拾い上げ、トピックごとに、自分で調べたこと、新川さんから学んだことを盛り込んだ文章にまとめていくという作業にとりかかった。

哲夫に言わせると、このとき、自然館の広報室に保存されている御船さんの筆記録がとても役に立ったのだという。御船さんとは、多摩ニュータウン計画の全盛時に、住宅・都市整備公団（現在の都市再生機構）で南多摩開発局長を務めた方だ。退職後も、元開発責任者として自分が関わってきたことの顛末を見定めたいという思いから、ＮＰＯフュージョン長池の理事を務めるなど我々の活動に協力してくれていた。

まちづくりには素人だった私が、都市計画の道一筋で歩んでこられた御舩さんから学んだことは計り知れない。今でも私の考え方のベースには御舩さんの言動が根付いている。残念ながら2013年1月に亡くなったが、筆まめだった御舩さんの遺してくれた文書が、時代を超えて次の世代の学びを助けてくれたとは、とても感慨深いことだ。

役職を与えて自覚を持たせる

新川さんは、この勉強会においてレポートを書くという作業を繰り返し彼らに課していた。日々の業務の傍ら、締め切りに合わせてレポートを書き上げるのは、しんどいことだったと思う。しかし、頭を使って考えて文章を書くということは自分と向き合うことにもなる。そのことが未熟な彼らを大きく成長させたことは間違いない。

業務の上でも、この勉強会を始めた次の年度からは、大沢さん、健人さん、哲夫の3人を長池公園の指定管理者の役職として、館長、副館長職を任せることにした。NPOの活動についてはまだ理解していないかもしれないが、現実問題として公園の管理は彼らの食い扶持だ。それを失わないために、自らの生活を守るために、「公園管理は自分たちで責任と自覚を持ってやりなさい」ということを、私は彼らにハッキリと告げた。

マネジメントのやり方として、若いから役職に就けないということはないと私は思っている。人間が成長をするには何かのきっかけが必要だ。館長だの副館長だのという自覚を持つことで、それまでふわふわしていたものがグッと引き締まり、力が伸びていくはずだと期待したのだ。

「ある日突然私が倒れて後継指名されて慌てるのと、早めにバトンタッチされて、叱り飛ばされながらがんばるのと、どっちが怖いか？」と迫られれば、彼らとしても選択の余地はない。その時点でどこまで自覚を持っていたかは分からないが、それなりの緊張感は持ち始めたように見受けられる。

そうした日々の業務での経験と並行して、新川塾で理論を学ぶことで、日頃自分がやっているひとつひとつの仕事にはどんな意味があるのかということを、彼らなりに考えるようになってきたのだと思う。

最初の頃は、ボーッと聞いているだけの彼らに頭を抱えていた新川さんも、この頃からようやく手応えを感じるようになったという。

1年ぐらいたった頃から、顔つきが変わってきましたね。たぶん、自分の今やっている仕事の意味を考えるようになったのだと思います。そうなると自主性も出てきて、今やっていることを踏み台にして、今後何をどんな風にやっていくのか、そのためにはどういう知識が必要なのか、彼らなりにだんだん理解し始めてきたようです。元々は頭のいい子たちだから、そこからは加速度的に伸びて行ったように感じます。（新川）

人間界に興味を示さない自然オタク

実はこの頃まで、新川塾に参加していた若者は大沢さんと哲夫の２人だけで、健人さんは参加していない。彼が加わるのは、新川塾が始まって２年以上経過した２０１２年暮れのことだ。

第一の理由は、新川塾開始当初は、まだ彼がＮＰＯフュージョン長池に来たばかりだったことだ。いつまでここにいるのかまったく分からない状態だったのだから無理もない。４ヶ月後にはアルバイトとして、その後は正規職員として働くようになるのだが、内野さんといっしょに外での公園を管理する仕事は一生懸命やってくれるものの、ＮＰＯの経営だのそのための勉強などにはまったく興味を示さなかった。

そもそも、彼は私から見ると生粋の「自然界オタク」だ。植物や動物など自然界のことには人一倍詳しい。知識も豊富だし、その方面の仕事はまったく厭うことがない。その一方で、人間界のことにはまるで関心がないのだ。同じような傾向は、やはり自然に詳しい大沢さんにも見られるが、彼と比べても健人さんのオタクぶりは群を抜いている。

そんな彼なので、新川塾の勉強会に対しては「自分は関係ない」というオーラを全身から発していた。

これだけ個性が強い私だが、実は他人に対して何かを押しつけるということはしない。サラリーマン時代も、社員をビリヤードの球の如く勝手に振り回すシステムには疑問を感じていた。人間誰でも、やりたいこととやりたくないこと、好きなことと嫌いなことがあるものだ。

それもひとつの個性なのだ。嫌いなことを無理矢理押しつけるのではなく、好きなことやりたいことを最大化することが、人間の価値を最大限に活かすことになるのだというのが私の信念だ。

まして、一般企業から比べればまともなお金も払えないＮＰＯが、強制なんてできるわけがない。だから、健人さんについても、本人にその気がないのなら無理強いすることはないと放っておいた。

大沢さんや哲夫さんがいつも宿題に追われている姿は見ていたし、そういう勉強会をやっているらしいということは、薄々分かっていました。でも実際にどんなことを勉強しているかはほとんど知らなかったし、そこに参加する意味が感じられなかったので、自分には縁のないものだと決め込んでいました。当時は、ＮＰＯ独特の志向やモチベーションに温度差を感じて戸惑っていた部分もあったように思います。（健人）

健人さんはそういう人なのだ。自分が納得できないことはしない。「なんだかよく分からないけど、やれと言われたから」という受け身な理由では動けないのだ。その代わり、自分の頭で理解して腑に落ちたことは徹底的にやる。その証拠に彼は、ＮＰＯフュージョン長池にやってきた2年後には、あるコンテストに応募するというプロジェクトで中心的な活躍をし、大臣賞を受賞するという業績を残すことになる。

やる気が本物か、試してみよう

コンテストへの応募は、私が彼らのやる気と力を見極めるいわば試金石のようなものだった。時期でいうと2012年の春。哲夫と大沢さんの勉強会が2年弱経過した頃の話だ。

大沢さんと哲夫は新川塾での勉強を重ね、並行して毎日の業務での経験を積むにつれて、次第にNPOという組織についても理解し、自分たちで運営していくという自覚を持ち始めていた。健人さんも、勉強会にこそ参加しないものの、自分の得意な知識を活かして毎日の業務は積極的にこなしているし、当面はここでやっていくつもりでいるようだ。

しかし、彼らのやる気はどこまで本物なのだろうか。将来的に、自分たちだけの力で続けていく覚悟があるのだろうか。

そこで、3人に尋ねてみた。「長池公園の管理者としての期限は来年で切れるけれど、その先の第三期はどうする？　やりたい？」

3人とも「もちろん、やりたい」という。でも、「やりたい」という意欲だけではやっていけない。そこで、彼らの意欲と実力を試してみるために、「緑の都市賞」というコンテストに応募してみることを提案したのだ。

「緑の都市賞」とは、公益財団法人である都市緑化機構が行っているコンテストで、「明日の緑豊かな都市づくり・まちづくりを目指し、緑の保全・創出活動に卓越した成果を上げている市民活動団体及び企業等、並びに公共団体を顕彰する」というものだ。

今後も指定管理者の更新ごとにコンペに応募していかなくてはいけない以上、この類の書類をまとめる力は不可欠だ。今回は初めてだから応募すること自体に意味があるとして、来年もう1回挑戦して結果を出せなければ、それでおしまい。３人には再就職先を探して、このＮＰＯの後継はきっぱりあきらめてやめてしまおう。

そんな私の覚悟がどのぐらい彼らに伝わっていたかは分からないが、ここで働き続けたいという思いがある以上、やってみるしかないことは理解していた。来年本格的に挑戦するための準備段階として、今年は「とりあえずやってみる」という気軽な雰囲気も手伝い、それほどプレッシャーを感じている様子もなく、３人で相談・分担して準備を始めた。

新川塾という勉強会には無関心を装っていた健人さんだったが、実は私の著書やＮＰＯ関連の本を読むなど、ひとりでこっそりと勉強していたらしい。元々大変な読書家でもある彼は、「自分の関わっていることやこれから先向かっているものに関係するものは、手当たり次第目を通して予習しておきたかった」のだという。勉強会という与えられる機会ではなく、知りたい知識を自分自身で求めて納得したかったというのは、いかにも健人さんらしい。

日頃から本を大量に読んでいるだけあって、文章を書くのも得意そうだ。最終的な文章のとりまとめは彼に任せてみた。

やがて出来上がってきた企画書を見て、私はびっくりした。想像していた以上にすばらしい内容ではないか。まだまだ何も分かってないと思っていた３人が、ここまできちんと理解していたとは！

当初は、とりあえず彼らだけでどこまでできるかお手並み拝見という程度の軽い気持ちだったのに、私も内野さんも欲が出てきた。

「ダラダラしてインパクトがない、メリハリを付けろ」

「あれもこれも全部盛り込め」

「専門的すぎる。一般の人にも分かりやすい表現で」

どうせなら、もっといいものにしたいと、2人で真剣にアドバイスをし始めた。


締め切りが迫って時間がない中、次々と注文を出されてすごく苦しかったけれど、やっているうちに、「今つくっているものは、今後もずっと自分たちが資料として使っていけるはず」だという実感がありました。賞を取れるかどうかだけではなく、やっていること自体に大きな意味があると認識できたので、それがモチベーションになったと思います。(健人)

その頃になって、私は健人さんが鋭い観察力を持った人だということに気づいていた。違和感を抱いている状態では拒否反応を示すが、じっと観察してその状況に納得すると、そこに知識を増幅させて大きな能力を発揮するのだ。この場面でも、彼は苦しみながらもがんばって、提出書類をブラッシュアップしてくれた。

でも、やはり何かが足りない。中身はいいが、これに加えて全体を包括する印象的なキャッチコピーが欲しい。審査員がひと目見た瞬間に「これは何かある」と感じさせることができれば、行けるはずだ。

単に激励するだけでなく何か知恵を出してあげたい。そこで私がひねり出したのは「多様で美しい共生の地、長池公園」というタイトルだった。パートで来ていたお母さんたちがスキルを磨き、若者たちも集まり、シルバー世代も生きがい就労として楽しく働いている。館内の掃除などには福祉団体も協力してくれている。この長池公園は自然界も多様だが、人間界も多様。そのすべてを合わせて、美しくみんなで助け合って生きていく、そんな理想が長池公園で実現し始めたという私の思いを込めたものだ。いつも寡黙な内野さんも、即座に「これはいいですね！」と賛同してくれた。

こうして、タイトル以外はほぼ彼らが自分たちの力で書類を書き上げて、応募が完了した。本人たちは、「思っていたよりは、できたかな」という程度だったようだが、私と内野さんは、「これはひょっとしたら、何かの賞にひっかかるかもしれないね」と、密かに期待に胸を膨らませていた。

このコンテストへの挑戦は、３人にとって何重にも意味のあることだった。自分たちが日頃関わっている長池公園のアピールポイントを再確認し、３人で共有できたこと。そして、作業を通してお互いの得意分野を再認識し、これからも3人で力を合わせればやっていけるのではないかという自信を持ったことも大きかっただろう。

まさかの大臣賞で、風向きが変わった

それから数ヶ月後、運命の日はやってきた。

事務所にかかってきた電話を取った女性スタッフが、「大沢さん、都市緑化機構さんからお電話です！」と伝える。部屋の中には緊張感が走り、電話に出た大沢さんにみんなの注目が集まる。

しかし、いつものように穏やかな笑顔で応答しているだけで、まったく表情が読み取れない。結果はどうだったのか？　みんなの視線が集まる中、静かに受話器を置いた大沢さんの口からボソっとひと言。

「大臣賞だって」。

なんと、国土交通大臣賞を受賞したという。私たちが応募した「緑の拠点づくり部門」では最高の賞だ。居並ぶ国営や都道府県営の公園を抑えて、八王子市営の公園である長池公園が受賞したのだ。

「やった〜！」「すご〜い！」と盛り上がる女性スタッフたち。しかし、当の大沢さんは相変わらずひょうひょうとしている。まさか賞をもらえるなんて思ってもいなかったので、実感が沸かなかったのだという。

哲夫と健人さんにしても、「信じられない」という思いが強く、むしろ拍子抜けの気分だったようだ。じわじわと喜びが沸いてくるまでには少し時間がかかったらしい。

本人たちは自信もなく無欲だった一方で、勝算はあるかもと感じていた私と内野さんは、万

歳、万歳だ。「これで歴史は変わる！」と感じた瞬間だった。

実際、このことを境に、八王子市公園課の私たちに対する態度は大きく変わった。何しろ、国の大臣から表彰をもらったのだ。これ以降、私たちを単なる指定管理者ではなく、業務上のパートナーとして敬意を持って対応してくれるようになった。

実はこの前年にも都市公園コンクールで会長賞を受賞するという実績があったのだが、それは内野さんがひとりで仕上げたものだった。しかし、今度はすべて若者たちの力で、それ以上の賞を受賞してしまったのである。

ＮＰＯフュージョン長池にも、ちゃんと次の世代が育っているのだということを証明するという意味で、これは非常に大きな意味を持つ出来事だった。公園課にしてみれば、「富永さんの後はどうなるんだ？」という不安が払拭され、将来につながる安心感を持ってもらえたのだと思う。

この翌年度には、日本公園緑地協会が主催する公園管理運営士試験のテキストに、私たちの長池公園がモデル事例として紹介されることにもなった。公園管理運営士とは、国土交通省が管轄する一般社団法人が認定する資格で、指定管理者制度の開始に伴い公園管理運営ができる人材を育てるために設けられたものだ。つまり、私たちのやっていることが全国の公園管理のお手本として認められたということになる。

昔から私は、「いつかは長池公園が全国のお手本になってみせる！」と空手形を切っていたのだが、ついにそれが実現してしまったのだ。

おそらく八王子市でも最低レベルの予算でありながら、創意工夫を重ね、貧乏であるが故に苦心惨憺してやってきたことが、とうとうここまでの成果を上げることができた。人のやりくりにも苦労してきた。お母さんたちはそれぞれ週3日ずつぐらい受け持ちながら、穴を開けないようにみんなで時間をやりくりして、予定をパッチワークして、なんとか業務の引き継ぎをやってくれるようになった。福祉団体やシルバー世代に就労の場を提供することもできている。

電車に乗って都心に通勤するのは嫌だという若者も、ワガママをワガママと思わないように努力して受け入れてきた。本当に花を咲かせるときがくるのか半信半疑だった蕾が、パッと開きかけ、美しい花が咲く可能性が見えたような気分だった。さまざまな悩みを抱えながらひとつひとつがんばってきたことが、今日につながったのだ。

私は感慨無量であった。

ここに来るまで揺らいでいた後継問題だが、これで完全に心は定まった。1年後に迫っている長池公園の第三期指定管理者への応募は若者たちに任せよう。そして、徐々に彼らにバトンを渡していこう。

若者が先生となって、新しい仲間に教える

このNPOフュージョン長池を彼らに後継していこうと決めた以上、緑の都市賞で大活躍した健人さんも、そろそろ組織運営について学んでもらう必要がある。そこで、彼にも新川塾に

参加してもらうことになった。

緑の都市賞への応募もそうですが、その頃になると文章を書く仕事が増えてきていて、その部分で認めてもらっているのかなという実感はありました。大臣賞受賞では表彰式に行かせてもらうなどいい思いもさせてもらって、自分の好きなことだけやっているわけにもいかないいかなと感じるようになっていた部分もあります。

一方で、新川塾でテキストをつくるという方向に話が進んでいるという話は小耳に挟んでいたので、それなら書き仕事の得意な自分が関われることがあるのかなと自覚したことが、参加を決めた一番のきっかけだったと思います。

実際に参加してみると、まず目次を見た段階で、いろいろな角度からの勉強が必要なのだなということが分かり、独学での知識がいかに偏っていたかを思い知りました。ＮＰＯについて自力で勉強したつもりでいたけれど、自分の興味のあることしか見ていなかったことを実感しましたね。（健人）

新川塾での学びについては、大沢さんと哲夫はすでに2年先行している。そこにどうやって健人さんを迎え入れるべきか。いかに健人さんに違和感なく参加してもらえるか。私は頭を悩ませた。

こういう活動において、先に始めていた人たちに後から新たに人が加わる場合、「そのうち分かるから」といきなり途中乗車させたのでは、そのギャップを埋められずに失敗することが多い。うまく機能させるためには、先行していた側の人間が「いっしょに行きましょう」という姿勢を持ってスイッチバックして情報共有し、同じステージに立つことが必要なのだ。先に参加していた人にとっては、同じことを繰り返すのはくどいと感じるかもしれないが、それが後から来た人への礼儀だと私は思う。

そこで私が提案したのは、２人がそれまでに自分たちが学んできた内容を健人さんに説明し、健人さんからの質問があれば彼らがそれに答えるという形だ。今まで生徒役だった２人に、今度は先生役になってもらうのだ。日々の業務やさまざまな経験を重ねて、彼ら自身も変わってきている。一度学んだことを改めて振り返ることは、彼ら自身の学びを深めることにもなる。そして第三者に説明するということは、自分の理解が不足している部分を知ることにもなるはずだ。

改めて自分が1年前に書いたものを読み返してみると、まず文章がヘタクソなことに情けなくなりました。それが分かるだけ進歩したということかもしれません。内容については忘れている部分も多かったし、それを人に教えるのはとてもむずかしかったです。以前学んだことを一生懸命思い出して、かみ砕いて分かってもらえるように説明するのは大変だったけど、その経験は自分の中ですごく勉強になりました。同時に、この勉強会を通して、これからは３人でやっていくんだという実感も出てきたように思います（哲夫）

未知なるステージへ

新たなる挑戦

何をしたいかも分からないままやってきた3人の若者だったが、次第に仕事も覚え、大臣賞を受賞するというサプライズまで引き起こした。

そんな出来事を通して彼ら自身が自信をつけ始め、私も彼らに後継していく方向で進み出した頃、今度は八王子市東部地区の１５２の公園・緑地が、指定管理者の応募を開始するという話が飛び込んできた。市の公園課では内心「ぜひこちらも挑戦してみたらどうか？」と思ってくれているようだった。

しかし、このエリアの面積は合計で１３２ヘクタール。長池公園の6倍以上である。そんな広大な公園管理に手を出したらどうなるのだろうか。ＮＰＯフュージョン長池にとっては、かなりの冒険だ。

「こんな話があるんだけど、どう？」とみんなに聞いてみると、どうも反応がよくない。

健人さんは「長池公園だけでもまだ学び切れてないのに、そんなの絶対無理です」と断固反対。経理も担当している哲夫だけは、今のままでは財政が厳しいことをよく理解しているから、「ここは、行くしかないでしょう！」と前向きだ。

大沢さんは「もっとたくさんみどりにさわれるようになりそうですね」と、いつものように静かに微笑む。

もっと広い地域を手がければいろいろな植物に触れられるし、いろいろな仕事を経験することによって、自分たちの経験値も上がるに違いない。そんな理由でやってみてもいいかなと感じていました。個人的に、以前から東部地区の公園をなんとかしたいなと思っていたこともありました。ただ、実際どのぐらい大変なことなのか、当時はあまり実感を持ってなかったかもしれません。（大沢）

内野さんは「僕は長池公園だけで十分だよ」というし、女性スタッフたちも、シルバー世代のお父さんたちも、「何もそんなところにまで手を広げなくても、今のままでいいよ」と消極的だ。

しかし、私にしてみれば、これから3人の若者が働いていく場所として、当時のNPOフュージョン長池では器が小さいと感じ始めていた。無謀であることは分かっているが、なんとかしてこれに挑戦しようという腹は最初から決まっていたように思う。

それにしても、今のままではどうしても人が足りない。しかし現状はお金に余裕がないから人を増やすこともできない。さて、どうしたものか。

異業種からの転職組を採用する

田所さんと柳田さんに出会ったのは、まさにそんな頃だった。

彼らに初めて会ったのは２０１３年９月のことだ。あるＮＰＯ法人が秋祭りをやりたいので協力して欲しいということで会合を持った。２人はその法人にボランティアとして関わっており、その場にいっしょに着いてきたのだ。

田所さんは当時34歳。外国人に日本語を教える仕事がしたいという希望があり、大学卒業後1年間カナダへ語学留学し、日本語教師養成学校を経て英語教室に９年間勤務していた。８年前から多摩ニュータウンに住んでいた彼は、結婚して子どもが生まれたこともあり、自分の住む地域で働き、地域活動で生計を立てたいと思うようになっていたらしい。私と会ったちょうど2日前に会社を退職したところだという。

私の著書を読んでその活動に関心を持っているということで、その場で名刺交換した1週間後に、さっそくＮＰＯフュージョン長池を訪ねてきた。

「僕は人に優しい地域づくりをしていきたいんです。でも、具体的に何がしたいかはまだ分かりません」。

そう話す彼を見て、いかにも今どきの若者に典型的な甘っちょろい奴だなと感じた。「人に優しい」とはいかにも美しいことを言うけれど、何も具体性がない。しかも、妻も子どももいるというではないか。私は一喝した。

「君はバカか？　人間は空気を吸っているだけでは生きていけないんだぞ。生きていくためには、そんな抽象的なことじゃなくてもっと具体的なことを考えなさい。じゃないと、人に優しいことをする前に、自分が飢え死にしてしまうよ」と。

地域活動に関する情報を探していて、書店で偶然富永さんの本を見つけました。そこに書かれていたコーポラティブ住宅という事例を読んで感銘を受けました。すごい活動をしている人がいるんだなと、ぜひお会いしたいと思っていたんです。いきなり怒られたのにはビックリしましたけど、富永さんが言っていることはもっともでした。「自分の力で地域を変えてみせるんだ！」と意気込んでいた私に、「じゃああなたが死んでいなくなったら、地域は幸せじゃなくなっちゃうの？」と言われて、目から鱗が落ちる思いでした。主役は住んでいる人なのだから、こちらから何かを提供してあげるという姿勢でなく、徹底的に黒子になる、お世話係になるんだという富永さんの考え方は、私にとってとても新鮮に響きました。（田所）

初対面でいきなり厳しいことを言った私だったが、一方では、田所さんと名刺交換をした瞬間から、素直でいい人だなとも感じていた。社会人経験があるとはいえまったくの異分野にいたのだから、即戦力になることは期待できない。しかし、人間がいいというのは得がたい素養だ。「人に優しい地域づくり」という思いがあるなら、あとは日々現実との闘いでなんとかなるだろう。

それに、人と話すことが好きで、初めて会う人ともうまく話ができる。人と人をつなぐことに幸せを感じるというタイプの人だ。大沢さんはバランスの良い人だが、やはり自然界寄りであることは否めない。田所さんのように人間界寄りでバランスの良い人が加わってくれれば、組織としてもバージョンアップが図れるのではないか、そんなインスピーレションも感じていた。

田所さんが関心を持っているのは地域活動であって、公園管理や植物には詳しくもないし興味もないようだ。しかし、ゼロ歳から百歳までさまざまな人が集まってくる公園は、地域の人間関係の縮図でもある。そして、公園管理というのはまさにサービス業だ。「公園管理は、人間関係や地域を学ぶことにもつながると思うよ」と話すと、ぜひやってみたいということで、彼も仲間に加わることになった。

自分の中にぼんやりとあった「地域に住むひとりひとりが幸せになって笑顔で暮らせたら最高」という思いが、非常に具体的になった瞬間でした。また、前職でのピラミッド型組織体制に疑問を感じていた私にとって、富永さんが語る「逆ピラミッド組織」「サーバント・リーダーシップ（お世話係型リーダーシップ）」（81頁参照）という考え方は、とても魅力的に感じました。組織の枠に人を当てはめるのではなく、ひとりひとりの個性や才能を活かし、各人が個性や才能を発揮していく。それを体現するかのごとく、気持ちよく幸せそうに働いている長池の人たちの姿を見て、ぜひその考え方を僕も学びたいとも思い

ました。（田所）

とは言っても、すぐに雇ってあげるわけにもいかない。何しろ東部地区公園を指定管理できるかどうかはまだ決まっていないのだ。それ以前に、本当に募集があるのかどうかさえ、その時点では確かではなかった。

指定管理が決まったとしても、まったく畑違いの人間を4月からいきなり戦力にというのは無理がある。そこで、とりあえず社会人インターンシップという形で来てもらうことにした。3月までは失業保険で食いつなぎながら長池公園でのノウハウを学び、東部地区公園の指定管理に備えてもらうという作戦だ。

新卒の若者を採用する

もうひとりの新顔である柳田さんは、なんと新卒でNPOフュージョン長池に就職したという変わり種だ。「何か地域で人の役に立てるようなことがしたい」という漠然とした気持ちはあったものの、何がやりたいのか見つけられないまま、就職活動も中断してしまっていたらしい。

そんな彼が、就職活動の一環として参加した、あるNPO法人で田所さんと知り合い、田所さんと私が初めて顔を合わせた会合に、当時大学4年生だった彼もいっしょについてきたのだった。

田所さん

高校時代ぐらいから、ほとんど人付き合いすることなく過ごしてきました。就職活動に役立つかなという軽い気持ちで始めたボランティアでいろいろな人に出会って、その中で自分の存在を認められていくうちに、「誰かの役に立ちたい」「地域に関わる仕事がしたい」と漠然と思うようになったのだと思います。

ＮＰＯフュージョン長池については、たまたま田所さんに誘われたので、深い意味もなくついていってみたという感じです。ＮＰＯが何なのかはまったく分からなかったし、経験のない公園管理という仕事に戸惑いもあったけれど、「地域づくり」というところに興味を持ち、直接人の役に立てる現場なのだと感じました。突然やってきた、何の知識もスキルもない自分を、「何ができるかいっしょに考えていこう」という姿勢で受け入れてもらえたことは、本当にありがたかったです。その思いに報いるためにも、とにかくがんばってみようと思いました。（柳田）

柳田さんの第一印象は、とにかくしゃべらない人。何を聞いても黙っているので、何を考えているのかさっぱり分からない。しかし、田所さんによると、まじめで素直で優しいだけではなく、人一倍一生懸命よく動き、周囲をよく見て気を遣える人なのだという。確かに、人は悪くなさそうだ。

柳田さん

まわりのスタッフたちに、「柳田さんってどう思う？」と聞いてみると、優しくて好青年だけあって、女性たちは軒並み好印象を抱いているようだ。「確かに頼りないけど、今までの子たちだって、みんなあんなに頼りなかったのになんとかなったじゃない。ここなら人を育む力があるから、きっと大丈夫、なんとかなるわよ」などという。

新卒の若者をいきなりＮＰＯで引き受けることに対しては、私の側にも躊躇する思いはあった。彼を二度とビジネスの世界に通用しない人間にしてしまうのではないかという不安も抱いていた。「新卒なんだから、まずは普通の企業に就職した方がいいんじゃないの？」と促してみるが、本人にはまったくその気はないようで、他の仕事を探す素振りもない。

そうこうしているうちに、八王子市東部地区公園（以下、東部地区公園）の指定管理者を募集することが本決まりになった。

あれだけ反対していた健人さんたちも、この頃になると挑戦することをやむなしと思わざるを得なくなってきていた。というのも、肝心の長池公園の第三期指定管理者募集の行政手続きが出てこないのだ。もし、このまま募集がなければ、２０１４年の3月で任期満了となって終了してしまうかもしれない。そんなことになったら、彼らの管理すべき公園がなくなってしまう！

この状況では、とりあえず募集が出ている東部地区公園に応募する以外選択肢はない。東部地区公園にも名乗りを上げるなら、とにかく人手が必要だ。柳田さんにも4月からの正規採用を内定し、それまでの間はインターンシップに来てもらうことにした。

若者が5人になった

新しく若いメンバーが増えることは、前からいた3人の若者たちも、前向きに捉えていたようだ。

それまでは3人の中で自分が一番年上だったのですが、自分よりも年上で社会人経験もある田所さんが来てくれたおかげで、頼りがいのあるお兄さんができたという安心感がありましたね。柳田君は、最初は本当におとなしい人だと思ったけれど、いっしょに仕事をしてみると新卒なのにしっかりしていて、将来が楽しみだなと思いました。（大沢）

若い仲間が増えるのはいいなと単純にうれしく思いました。2人ともあまりみどりに興味がなかったのは自分としてはちょっと残念だったけれど、子ども好きなところは共通点があるし、仲良くやっていけそうだなと思いました。（健人）

田所さんは優しそうで、頼りがいのある人という印象でした。大沢さんも健人さんも自然以外には興味を示さないのですが、田所さんとはサッカーという共通の趣味もあったので、やっと普通の日常会話で盛り上がれる人が来てくれたというのもうれしかったです。柳田君には、「NPOで働くのは普通の会社のように守ってもらえるものがなくて大変だよ、本当にいいの？」と何度も聞きました。自分からはほとんど話さないので、何を考えているかよく分からなかったけれど、自分がこの年齢だったときには何も考えてなかったことを思えば、こうやってこの場にいるだけでも偉いなとも思いました。

僕たち3人も最初は何がしたいのか分からない状態でここにやってきたんだし、何が向いているのかみんなでいっしょに探していけば、なんとかなるのではないかと楽観的に考えました。（哲夫）

東部地区公園の指定管理が現実に

こうして、田所さんと柳田さんという、2人の若者が新たに加わった。しかし、地域活動では「若造は信用できない」と感じる年配者もいるものなので、もうひとり65歳の石倉さんに来てもらうことにした。

石倉さんは、この地域の住人で、私の地域活動の原点である団地の夏祭り「長池ぽんぽこ祭り」を19年以上面倒見てきてくれた人である。現役時代はICT事業の創業社長として3つもの会社をつくって経営していた経験もありながら、お祭りとなれば率先して体を動かして働いてくれる。いわば、経営センスがあり、地域をよく知るビジネスマンだ。ＮＰＯフュージョン長池として法人化した当初は無謀なことをするものだと半ば呆れていたようだが、今となっては「いい意味で予想を覆されたね。世代を切り替えていくという第二世代構想は、経営者目線から見てもすばらしいことだ」と言ってくれている。

これ以上の適任はいない。事情を話して「手伝ってもらえませんか？」と声をかけると、「週に3日か4日ぐらいなら」とＯＫしてくれた。

これで、人手はなんとか確保した。この東部地区の公園管理については、「スマート」という一般社団法人をつくり、地元の造園屋である有限会社植由（現株式会社ビスタ）、電気工事を担当する株式会社エーデンにＮＰＯフュージョン長池が加わることで構成団体「スマートパークス由木」を形成し関わることになった。新しく加わった田所さんと柳田さんは、このスマートパークス由木のメンバーとして働いてもらうのだ。

一方で、前からいる3人の若者たちは、東部地区公園の指定管理者募集に応募するための準備を進めていた。応募書類の作成はすべて3人に任せるつもりであった。しかし、やらせてみると不足する点があると感じられたため、結果的には私や内野さんが手を加えることになった。それでも、次回の応募のときはきっと彼らだけの力で成し遂げられるだろうという手応えは十分感じられた。

この応募の準備のときには、やはり新川塾で学んだことは大きかったと感じています。特に文章を書く力を磨いてもらったことは、議案提案書などを書くときにおおいに役立ったと思います。（健人）

そして、無事に年末の12月に、東部地区公園の指定管理者に決定。結局、後から募集が発表になった長池公園の第三期管理者管理者も任されることが決まった。２０１４年４月からは、長池公園に加えて、東部地区の１５２公園・緑地も管理することになったのである。

これを機会に私は、ＮＰＯフュージョン長池という組織の理事長職を除き、公園管理に関するすべての役職から退くことに決めた。これからは、いよいよ彼らの時代である。

地域の人と共に学ぶ「プロジェクト由《ゆう》」

新しい公園の管理も加わり、忙しい日々が始まった。今まで関わってこなかった新しい地域を管理するには、この地域についての情報や知識をもっと身に付ける必要を感じていた。

ちょうどそんなとき、地域の方々といっしょになって、由木の歴史や地域のデータベースをつくる勉強会を始めることになった。由木というのは、新たに公園管理をすることになった八王子市東部地域の約90パーセントが、かつて属していた由木村のことだ。

メンバーのひとりである根本さんは、60代の女性。私が講師を務めている八王子市の50代以上向けの勉強会「はちおうじ志民塾」の受講生だ。この地区に越してきてまだ5年ほどの新住民だが、地域の歴史に興味があるのだという。

その根本さんの知り合いとしてやってきた加藤さんは80歳になる旧地主で、いわば由木村の生き字引のようなおじいちゃんだ。自分の持っていた田畑を強制収容されるなど、多摩ニュータウンの建設に当たっては苦い思いもしてきた。しかし、「今さら過去のことを恨んでも仕方がない。それよりも、若い人たちが旧由木村の宝物を探して後世に残そうとしてくれているなんて、うれしいね」と喜んでいる。

さっそく9月に第1回の勉強会を開催。勉強会の名前は「プロジェクト由《ゆう》」。名付けの親は加藤さんだ。『歴史と伝統を学ぶ会』みたいな名前じゃ、過去ばかり見ているようでダメだ。未来を開くためにやるんだから、もっと新しい感じのする名前にしよう」と、すばらしいことをいう。そこで、加藤さんのお気に入りのテレビ番組「プロジェクトＸ」にあやかって「プロジェクト由《ゆう》」というカッコイイ名称が採用された。

考えてみると、２０１４年は１９６４年に由木村が八王子市に編入されてから満50年だ。この年は東京オリンピックが開催された年でもある。どうせなら、オリンピックの開会式が行われた10月10日を設立記念日にしよう。

会長にはぜひ加藤さんにはやってもらいたいところが、本人が固辞されたため、根本さんに就任してもらった。加藤さんが副会長、ＮＰＯフュージョン長池はその事務局としてそれをサポートするという体制が整った。

この東部地区の公園を我々が管理するということは、旧由木村に社会貢献することだと考えている。そういう意味でも、住民のみなさんとつながって、こんなプロジェクトができるとはなんと画期的なことだろう。

活動の内容は、地域にある歴史的なもの、おもしろいもの、気になるものを見つけてきては写真を撮り、地域の歴史や宝物のデータベースをつくることを目指す。手始めとして、まずは152の公園・緑地の名前の由来を調べるところからスタートだ。それによって公園のまわりに祠やお寺があるなど、地域の歴史を紐解くことにつながるはずだ。「僕の人生が終わらないうちに、自分の知っていることを若者たちに引き継ぎたい」と、加藤さんも意欲満々だ。過去に遡るだけではなく、昔小学校があったところが廃校になって、今はデジタルハリウッド大学になっているとか、そんな最近の話題も紹介していくとおもしろそうだ。

実際に始まってみると、回を重ねるたびに人が人を呼んでさまざまなメンバーが集まってくる。人の輪がどんどん広がることで、予想もできない展開になりそうな期待に、みんなワクワクしている。

春になったらみんなで毎月1回街歩きもする予定だが、それまでは室内で座学をする。集めた情報はみんなで整理し、榊さんに頼んでプロジェクト由のウェブサイトで順次紹介していこう。

＊「プロジェクト由」http://www.spyugi.jp/project_yu/index.html

自分たちの手で地域データをまとめる

プロジェクト由で地域の歴史を学ぶのと並行して、地域の現状をデータから把握しようという試みも始まった。

東部地区の１５２の公園・緑地の周囲にはどんな人が住んでいるのか。公園ができた頃と比べて、年月の流れと共に年齢構成も変化してきている。それを的確に捉えて、今そこで求められている公園として存在しないと意味がない。

周囲には高齢者が多いのか、子育て中の世帯が多いのか、あるいは大学に通うために他の地域から一時的に来ている学生が多いのか。それによって、公園に求められるものは違うはずだ。

たとえば、まわりに子どもがほとんどいないのなら、使われずに草が生えている砂場に蓋をしてゲートボール場にすれば、もっと地域の人は喜んでくれるかもしれない。

行政はすべてを同じように管理しがちだが、せっかく我々が手がけるからには、もっと地域に寄り添った管理に変換していきたい。１５２通りの求めに寄り添いたいと思うのだ。

長池公園では来場者のアンケート調査などによって求められるものを提供してきたが、10万人以上も住むこの大きなエリアでは、ヒアリングやアンケート調査を行うだけでは、そのニーズはくみ取りきれない。データベースとしての人口統計をきっちりと読み解く必要がある。そうした基礎的な情報をしっかり把握して初めて、それぞれの公園にはどんなことが求められているのかが具体的に見えてくるはずだ。

そして、それは日々の要望・苦情対応などにも生きてくるだけでなく、今ある公園をよりよいものに改善するためにも重要な視点だ。特に、対外関係を考えたとき、彼らのように発言力の弱い若い世代にとっては、論理的に説明できるバックグラウンドがあるかないかでは大きな違いが出てくる。そのためにも、きちっとした最新データをまとめておきたい。

以前、NPOフュージョン長池では地域の中で暮らしのサポートをするという事業を国からの委託事業として受けたことがある。暮らし全般を支えるためには、地域の中で老人施設や学校、保育園などの現状を把握しておくことが必要だからだ。

そのときには、竹田さんというプロのコンサルタントに依頼して、地域の人口統計データをつくってもらった。今回はその竹田さんに直接作成を頼むのではなく、その手法を若者たちに伝授してもらい、若者たち自身の手で行わせることにした。

担当は、デスクワークの得意な柳田さんだ。データの集計や分析は根気のいる作業だが、まわりの状況に左右されずに淡々と静かに事務作業をこなすことが得意な彼には、ピッタリの仕事だと思われた。新入りの彼にも、何か主役として活躍できる場をつかみ取ってもらいたかったという思いもある。

竹田さんに教えてもらうということもあり、他人との接触が得意ではない柳田さんをサポートするために、田所さんにアシスタントについてもらうことにした。柳田さんより10歳以上年上の田所さんが間に入ることで、世代間ギャップも埋めてくれることだろう。

自分が柳田さんを連れてきた手前、田所さんも彼のことは気に掛けている様子だ。しかし、今までピラミッド型組織で「他人の面倒を見ている暇があったら自分の仕事をやれ」という環境にいた彼は、具体的にどう手助けをしてあげればいいのか戸惑っているようにも見えた。柳田さんのアシスタントというポジションは、田所さんにとっても良い経験になるはずだ。

最初は、八王子市のサイトを見てもどこからデータを持ってくればよいのか分からず途方に暮れていた柳田さんも、竹田さんのていねいなレクチャーを受けて、ひとつひとつ覚えていった。

データをどこから見つけてきて、どうやってまとめるのか、そして図表のつくり方など基本的なことから教えてもらいました。データをまとめるにあたっては、「誰に何を伝えたいのかを意識することが大事だ」ということも学びました。集めたデータが形になっていく過程は楽しかったし、まだ八王子市に来て日が浅い自分にとっては、個人的にも参考になることがたくさんありました。（柳田）

完成した分析結果（一部は、この本の第3章の末尾にも収録しておく）をもとに、若者たち自身が、東部地区の公園をこれからどのようにしていきたいのかを考えていくのだ。長池公園では経験しなかった、民地に隣接する公園の指定管理者となり、最初の1年は初めて体験する出来事に翻弄されながら過ぎてきた。しかし、今後は彼らなりのアイディアを持ち寄って、より地域の人に愛される公園になるよう、新たな試みも挑戦しつつ、次回の指定管理者にもなれるように実績を重ねていかねばならない。

理論の学びと日々の実務が成長させた

一方、田所さんと柳田さんという2人の新しいメンバーが加入し、新川塾も新たな展開を迎えることになった。今度は大沢さん、哲夫に健人さんも加わって3人が、新しく入ってきた田所さんと柳田さんに教える側だ。

まだ大学生だった柳田さんはもちろん、まったくの異業種からやってきた田所さんにとっても、NPOの運営や公園管理は未知の世界である。4月までという短い準備期間で基本的なことを把握してもらうためにも、過去の新川塾で3人が学んできた内容がレポートという目に見える形で残っていたことは、とても都合がよかった。

新たな2人を迎える今回の新川塾の目標は、以前から念頭にあった「学びの内容をテキストにまとめる」という作業を完成させることとした。そのとりまとめ役には田所さんを指名。すでにあるレポートなどを読みながら、田所さんがよく理解できない部分を3人にヒアリングをする。もちろん新川さんにもフォローしてもらう。そうやって1年弱をかけて、どうにかテキストができあがった。

このテキストがあれば、今後もやってくるだろう新参者たちに対し、NPOフュージョン長池の活動をより深く理解してもらえるに違いない。

2010年に大沢さんと哲夫の2人の生徒から始まり、足かけ5年かけて学んできた若者たちの勉強会も、これで一段落だ。この間、参加する若者がひとり、またひとりと増え５人になった。

彼らは、この学びを通してＮＰＯフュージョン長池の過去の足跡をたどり、そのときどきの私たち第一世代の思いに触れた。そして、それらの活動の裏にはどんな意味があったのかを知り、組織としてＮＰＯを円滑に運営していくために必要な知識を学んだ。あるときは締め切りに追われながらレポートを作成し、あるときは新しく入ってきた仲間を迎え入れ、互いの個性と得意なところを尊重しながら学び合ってきた。

一方で、ＮＰＯフュージョン長池の業務も広がる中で、数々の実務経験も重ねてきた。公園管理の役職にも就いて自覚を持ち、コンクールに参加して輝かしい実績を上げて、少しずつ自信もつけてきた。こうした日々の実務と学びとがスパイラルに作用して、頼りなかった彼らはたくましくなった。

私たちのような非営利型組織では、後継者に何かを学ばせたいと思っても、高名な講師を招くような予算はない。しかし、今ここにある人や、日々の実務を活用して互いに学び合っていくことで、クオリティの高い学びはできるのだということを実感している。

第二世代へ完全にバトンタッチするには、まだ時間がかかるだろう。まだ教えることはたくさんある。困ったときには相談相手になってやることも必要だろう。それでも、彼らの成長は私の大きな自信となっている。

今回の新川塾は、右も左も分からない若者たちに対し、社会の仕組みやＮＰＯで働くために必要最低限度の知識を学んでもらったものだ。彼らが一職員としては一人前になりつつある今、次なるステップとして、組織をマネジメントしていくためのノウハウについて学んでもらう、いわば第二期新川経営塾の開催を計画中だ。

東部地区という広大な公園管理も加わり、日々の業務負担が増えている彼らからは、悲鳴も聞こえてきそうだ。しかし、彼らの可能性を信じるようになった今、ここで留まるわけにはいかない。第一世代の思いを受け継ぎ、さらにそれを越える飛躍をしてもらうために、ぜひともがんばってもらおう。

彼らの登場は私にとってまったく想定外だったが、そのおかげで、予想もできなかった展開が実現しようとしている。今後、彼らの若い力でどんな新しい可能性が見えてくるのか。今はそれを見届けるのが楽しみである。

第2章

私たちの学んだNPOフュージョン長池

第2章では、5人の若者たちが新川塾で何を学んだのか、それを若者たち自身の言葉で語ってもらう。この組織で働いていくために必要なことについて、NPOフュージョン長池での実例と照らし合わせながら彼らなりに理解した内容を、後に続く後輩たちにも参考になるようにという観点でまとめたものである。第一世代の思いを彼らがどう受け継いだのか、その具体的な形として読んでいただければと思う。

私たち5人のほとんどは、NPOとは何かもよく分からず成り行きでここに集まり、それぞれ、自分ができることに取り組みながら、公園管理という仕事を手がけることになりました。最初の頃は目の前のことをするのに精一杯で、NPOで働いているという意識もあまりありませんでした。そんな私たちに対し、将来を案じた理事長が月1回の勉強会の機会を設けてくれたのが、いわゆる「新川塾」でした。

NPOとはどんな組織なのか、どんなところが普通の企業と違うのか。地域のための仕事をするとはどういうことなのか。そして、そこで活動していくためにはどんな考え方が重要なのか。理事長をはじめとした第一世代が歩んできた歴史を振り返りながら、NPOフュージョン長池の一員として働いていくために必要な知識や概念をひとつひとつ学んできました。

私たちが受け継いだNPOフュージョン長池における考え方を中心に、その一部を以下にご紹介したいと思います。

NPOとは何かを学ぶ

私たちが現実に今、毎日取り組んでいるのは公園管理という業務です。しかし、そこにはN

ＰＯフュージョン長池の職員であるという大前提があります。そのため、まずはＮＰＯ法人とは何なのかを知り、ＮＰＯ法人として活動する意味について理解する必要がありました。

ＮＰＯの法人格が、社会的信用につながる

１９９５年に阪神淡路大震災がおこり、被災地では多くの個人やボランティア団体が駆けつけて活動を行いました。しかし、活動を行った多くの団体が法人格を持たない任意団体であったため、経済的支援がむずかしいなど、活動を制限されることも少なくなかったようです。また、ボランティア団体でも、賛同者を集めて活動を活発化していくには、法的裏付けのある活動であることをアピールしていく必要がありました。こうした民間の公益的活動が活発になってくる中で、それを支える法制度の整備が社会的に必要となったのです。

そこで、１９９８年、「特定非営利活動促進法（ＮＰＯ法）」が成立しました。これは、「公益活動」をしやすくする画期的な法制度です。そこに規定される「特定非営利活動法人（ＮＰＯ法人）」という法人格を得ることで、法人名義で銀行や事務所の契約ができるようになります。会計書類の作成や書類の閲覧など法的ルールに則した団体運営や情報公開を課されることで、社会的信用も得やすくなっています。

このＮＰＯ法が制定された翌年、１９９９年の12月に、私たちのＮＰＯフュージョン長池もＮＰＯ法人としての認証を受けています。その後、長池公園自然館の管理・運営を受託したり、続いて長池公園や八王子市東部地区公園の指定管理者となったりできたのも、ＮＰＯ法人

であることは大きな意味を持ちました。

ＮＰＯは営利を目的とした活動ではありませんが、継続的に事業を行うためには資金を稼ぐ必要があります。その意味でも、ＮＰＯ法人という法人格が付与されることで得られる社会的信用力が大きな威力を発揮するのです。

すなわち、私たちが継続的にここで働いて収入を得ることができるのは、ＮＰＯフュージョン長池がＮＰＯ法人として存在し、収益を上げる事業を行っていることによります。この仕組みを理解することで、今後、自分たちの力で組織としての事業を継続していく力を付けなければならないということを、認識できるようになりました。

「使命」を軸に、社会的利益を最優先にする

では、ＮＰＯ法人とはどんな組織なのでしょうか。同じ法人格でも、企業ではなくＮＰＯ法人である意義はどういうところにあるのでしょうか。

ＮＰＯ法人が企業と一番大きく異なるのは、「経済的利益」ではなく「社会的利益」を追求するというところです。

ＮＰＯフュージョン長池は、住民の暮らしをさまざまな角度から支援することを目的に活動を行っているＮＰＯ法人です。現在は主に公園管理を通じて、地域の人びとの暮らし支援を行っています。

一般的な企業のひとつの形態である株式会社では、出資者である「株主」に対して経済的利

益を分配するというシステムになっています。それに対し、ＮＰＯフュージョン長池のオーナーは地域住民を中心とした正会員であり、地域住民に社会的利益を還元するというシステムです。

そのため、意思決定の軸は、儲かるか儲からないかという経済的な判断ではなく、「この地域が、住む人が幸せに暮らせる場所であるかどうか」です。人びとが幸せに暮らす地域にすることがＮＰＯフュージョン長池の「使命」であると考え、それを軸にして事業を行うか否かを判断するということです。いかにお金を回していくかを考えるのはその次であって、お金が先ではないという点が重要です。

この「使命」は、そこで働く人間の目的意識とも直結しています。企業の場合は、組織としての経済的利益を上げることが重要であるため、「組織のために働く」ということになりがちです。しかし、ＮＰＯ法人では組織のためではなく「使命」のために働く、その意識が肝要となります。

私たちが行っている公園管理という仕事では、利用者や近隣の方々からさまざまな要望や苦情の声をいただきます。正直、対応がむずかしい場面もあります。しかし、こうした声に応えようとすることは、サービスの質を高めるきっかけとなり、それはイコール私たちの使命を果たすことにもつながります。

日々の業務では、目の前のことにとらわれてしまいがちですが、常にこの「使命のために働く」という軸がぶれないよう肝に銘じなければなりません。

外部との協働の仕方を学ぶ

ＮＰＯフュージョン長池が活動していくにあたっては、私たち正規の職員以外にも、パートや生きがい労働のシニアの方、福祉団体、ボランティア、地域の企業など、さまざまな方の協力が欠かせません。そこで、これらの方々との関係性をどう考えて行くべきなのかということについても、多くのことを学びました。

ネットワークを活用して多様なニーズに応える

地域活動において、これまでは行政が広く平等にサービスを提供すれば、多くの人びとのニーズを満たすことができました。しかし、現在では地域においてもニーズが多様化しており、行政の画一的なサービスでは対応しきれなくなっています。

地域ではゼロ歳から百歳まで住む方がいて、世代も職業も、考え方や形も多種多様です。地域のひとりひとりを幸せにするためには、その「ニーズの多様化」に応えていく必要があります。

ＮＰＯフュージョン長池の現在のスタッフは、20代から80代までの各世代に渡っています。広い年齢層による人員構成は、地域の多様なニーズに対応することに役立っています。そし

多様な人材や組織とのネットワークを活用し
多様なニーズに対応する

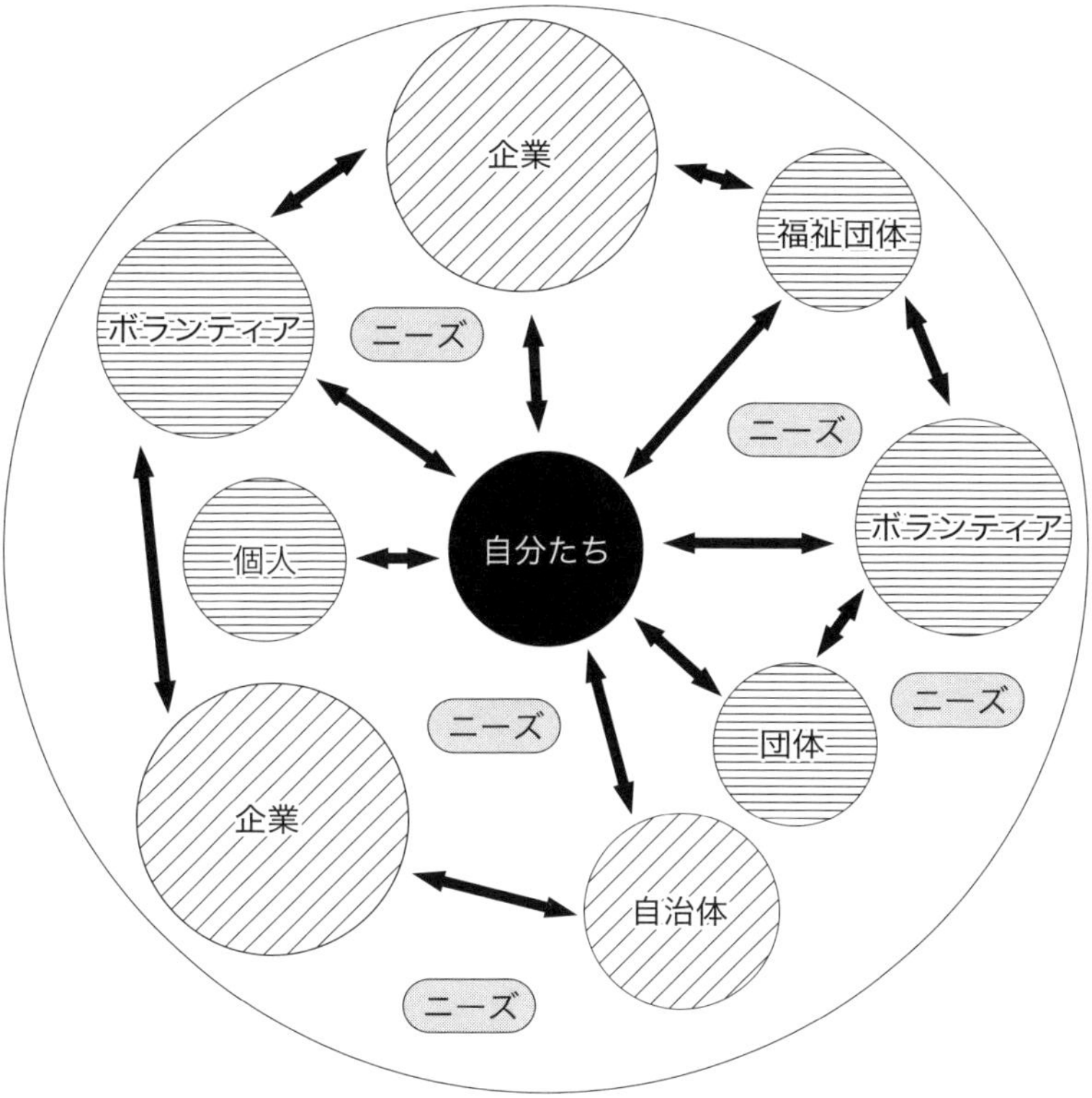

て、それぞれのスタッフが、動植物の専門知識、デザインや経理能力などそれぞれ得意な能力を発揮しています。

しかし、私たちのような小さなＮＰＯ法人では、ひとつの組織で多様性に対応するには限界があります。そこで、ぜひ取り入れたいのがネットワークの活用です。外部とネットワークを組むことにより、提供できる商品やサービスの質を向上できる可能性が広がります。つまり、多様なニーズに対応するためには、多様なネットワークづくりが重要になっているのです。

たとえば、八王子市長池公園の指定管理の仕事は、造園会社である㈱富士植木、電気工事会社の㈱エーデンと協働して行っています。

「大きな倒木を片付ける」などの危険が伴う仕事には富士植木が、電気が消えた、壊れたときは株式会社エーデンが、その専門的なノウハウを発揮します。その他にも、施設の修繕などでお世話になる工務店、施設や公園内の清掃では福祉団体、田んぼや畑の管理では市民のボランティアというように、多様な人びとの協力を得ています。ひとりでは対応できないことも、ネットワークの力を借りることで、解決できるようになります。

また、いわゆる「クレーム」も、ニーズのひとつと考えてうまく対応すれば、強力なネットワークの力になることもあります。クレームというのは、裏を返せば関心を持ってくれている証拠であり、多くの人びとが必要としていることの代弁者となっている可能性もあります。クレームひとつからも、今日においてのニーズの多様化を伺い知ることができるのです。

クレームを、どうしていいかわからないから教えて欲しいという「お願い」や、こうしたほうがいいという「提案」と捉えて対応すれば、逆に協力者になってもらうことも可能です。そうなれば、そこでネットワークが形成され、新たなニーズにも対応できるようになります。

また、ネットワークを駆使した運営は、新たなニーズの発生というような環境の変化に対しても、ネットワークを組み替えることで柔軟に対応できるメリットもあります。

幸いなことに、ＮＰＯは公益的な活動を目的としているので、ボランティアや行政と協力しやすく、さらにビジネスを通じて企業と連携することもできます。

私たちも、多様な人材や組織を味方につけて、多用なニーズを解決することができるネットワークを積極的につくっていきたいと思います。

最近では、周辺の都立公園を管理している東京都公園協会と情報交換会を定期的に開いて、情報交換を行いながら、新たなネットワークづくりにも取り組んでいます。多様なニーズの把握や人材交流によって、私たちの活動に今後大いに役立つと考えています。

関係性をつないで価値を生み出す

地域における人間関係づくりで重要なことは、信頼できる人間関係を築くことです。そのために、人と人をつないで語り合うことで共感できる仲間を増やすことや、出会った人との距離感を大切にすることが重要です。

ＮＰＯフュージョン長池は、創設期当時からメーリングリストを活用して地域の人たちの間のネットワークを育んできました。このネットワークは、単なる情報交換に留まらず、意外な展開を見せることがあります。

たとえば、こんなことがありました。ある日、地域内のある牧場で停電があり、牛乳の保存が効かなくなってしまいました。このことをメーリングリストに流したところ、「購入してあげるよ」と手を挙げる人が続出したのです。

また、あるときは、八王子市東部地区公園に竹藪がたくさんあり、その伐採処理が負担になっていました。地域にある大学の学生がこのことを聞いて、この竹を切り、それを使ってオブジェを創りました。困りものだった竹藪が、学生にとっては作品として飾れる価値に変わり、公園管理者にとっては伐採処理をしてもらったという価値に変わったのです。

バラバラに存在するものも、それをつなぐことによって新しい価値が生まれてきます。当たり前のように目の前に転がっている人や物が、あるツール（たとえばメーリングリスト）によってつながり、関係性が生まれ、価値が生まれるのです。

個々に存在していた人や物を関係性という価値に変えることによって、地域のひとりひとりが幸せになれる、そんなＷＩＮ―ＷＩＮの関係につなげられる。そのために私たちに必要なのは、「不可能を可能に変える」という視点を持ち、価値を生み出すような関係性を見つけ出していくことなのだと思います。

ボランティアの「やりたい」を実現する

ＮＰＯ法人としての活動を行っていく上では、ボランティアとの協働は不可欠です。そこで、多くのボランティアの方に協力してもらうために必要な考え方についても学ぶ必要がありました。

まず、最初に認識しておくべき重要な点は、ＮＰＯフュージョン長池にとって、ボランティアとは、自分たちのやることで人手が足りないところを補充する「マンパワー的な役割」ではないということです。それぞれの方が「やりたいことを実現する」ために来ていただくという感覚です。

ボランティアの「やりたい」を実現するためには、こちらが黒子になり、ときには事務局として機能していかなければなりません。言い方を変えればかえって仕事が増えることにもなります。つまり、かならずしもコスト削減につながるわけではなく、逆にコストがかかることもあるのです。

しかし、初期的なコストがかかったとしても、ボランティアの方の「やりたい」を応援しサポートしていくことで、継続的に活動をしてもらえることにつながります。そして、それはＮＰＯ法人自身にとっても、活動の付加価値を高めることになります。

つまり、ＮＰＯ法人にとっても、ボランティアにとっても、お互いにＷＩＮ－ＷＩＮの関係につながるのです。

たとえば、ＮＰＯフュージョン長池が管理・運営している長池公園内の「長池公園自然館」では、教室（例：クラフト教室）などをボランティアの方が行っています。

ボランティアの方に、自らの得意な能力を無理せず自由に発揮してもらうために、募集などの事務仕事は長池公園自然館に常駐しているスタッフが行っています。ボランティアの方は教室を開く日に来て教えるだけでいいのです。

このように、ボランティアの方がやりやすいように、無理をしないでできるような場を提供することで、多くのボランティアの方が集まり、教室の種類も増えています。つまり、ＮＰＯ法人は、ボランティアの方の個人の自発性など自由意志が尊重されるような場を提供することに徹するのです。

２００８年ごろから、「長池公園とアート」というテーマで長池公園での展示会やイベント主催している、ＮＰＯ法人アート多摩の理事長である中村さんは、「自由にやらせてもらいながらも、改善点をアドバイスしてもらったことで、徐々に成長することができた。おかげで、3年目ぐらいからは、私たち主催者側も自然体でやれるようになり、参加者にも自然体で参加してもらえるようになってきた」とおっしゃっています。

ＮＰＯ法人とボランティアとの協働においては、このような関係を築くことが重要なのだと思います。

障がい者福祉団体との協働

ＮＰＯフュージョン長池は、八王子市長池公園を指定管理者として管理運営を任されている中で、クッキーやおもちゃの販売など多くの形で障がい者福祉団体と協働しています。

ＮＰＯ法人「多摩草むらの会」（精神障がい者の福祉団体）とは、長池公園内の清掃部分で協働しています。長池公園では年末年始の6日間を除き、毎日巡回も兼ねた清掃を行っています。限られた予算の中でそれが可能なのは、民間企業への外注では考えられない適正で安い価格でＮＰＯ法人多摩草むらの会が行ってくれるからです。そして、それは国から就労支援として補助金が出ていることによります。

ＮＰＯフュージョン長池としては、コスト削減だけに留まらず、障がいを持っている方たちへ就労の場を提供しているということで、八王子市からも評価をいただいています。

しかし、障がい者の方々は、その日の体調などにより人数の増減があり、清掃の品質が保てなくなる可能性があります。来園者に配慮した清掃も空気が読めずなかなかむずかしい面もあります。

そういう問題をクリアして、障がい者団体との協働を成功させるためには、どんな工夫が必要なのでしょうか。

ＮＰＯフュージョン長池と「多摩草むらの会」との協働のケースでは、まず、障害者福祉団体の代表とじっくりと話し合い、「何ができるか」「何がしたいのか」というヒアリングをした上で、ハウスクリーニングをやってもらおうということになりました。

しかし、その具体的なノウハウが福祉団体にはなかったため、こちらからハウスクリーニング専門の方を紹介しました。そこで福祉団体の障がい者や職員に徐々にスキルを身に付けてもらいながら、だんだんと回数を増やしていき、５年後にようやく３５９日できるようになりました。相手のレベルに合わせて、少しずつ協力関係を深めてきたということです。

また、現場責任者と直接段取りをしながら清掃業務日報をつくって「これだけはクリアしてほしい」という分かりやすい指針を用意するなど、しっかりとした「管理のインフラ」をつくりました。その「インフラ化」したものが、次第にお互いの信頼関係を生み出していきました。

また、清掃という仕事を通して障がい者が自立できたことは福祉団体の喜びになり、プラスアルファの働きも出てきました。「大雪の日は来なくていいですよ」と言ったにもかかわらず、あちらから自発的にやってくるというような、うれしいことも起きています。

また、長池公園の自然館は、彼らが一心不乱に掃除してくれているおかげで、築14年の建物であるにも関わらず、来訪者から「新しくてきれいな施設ですね」と感想をいただくほど、ピカピカに磨かれています。

このような障がい者団体との協働において、重要なポイントは3点あります。

〈相手を尊重する心〉

地域の場合は人間関係が一番重要です。相手をおもんばかる気持ちがあるからこそ関係が成り立ちます。根本的に相手を尊重し、何ができるかを一緒に考えていくことが大事であり、相手の得意なことを応援、協働することが大切なのだと思います。

〈抽象論ではなく具体的な行動〉

抽象論ではなく「具体的に何ができるのか」を考えることがポイントです。「何がしたいのか」「何が得意なのか」「何が幸せなのか」。相手が一番居心地のいいところを共に探し、それを行動の管理基準としてひとつひとつを明確に具体的にしていきます。

〈質のばらつきを受け止める〉

同じ品質が保たれないとしても、トータルとして品質が上がっているので良いという考えで、質のばらつきを受け止めています。もちろん、ある程度の品質は確保しなければならないので、そのために福祉団体の職員の方と密に話し合うことは重要です。一方で、細かく仕様を決めずに臨機応援に対応できるようにすることも必要です。

通常の企業や業者に依頼する場合は、「契約に基づきこのようにやってほしい」というように委託者から受託者への一方通行な指示になりますが、障がい者福祉団体へ依頼する場合には、その根底に絶対的な相互信頼関係が重要となるのです。

フレキシブルな労働力を活用する

ＮＰＯフュージョン長池も参加している指定管理者制度では、公の施設の管理を民間事業者などに代行させることで、コストを削減しながらサービスを向上することが期待されています。

しかし、一般的にはコストとサービスの間にはトレードオフ（一方を追求すれば他方を犠牲にせざるを得ない）の関係があります。つまり、サービスを高めようとすれば、コストが増加してしまうのが普通です。

費用をかけずに労働力を増やすための選択肢として、「報酬が低くてもいい人」に多く働いてもらうことでコストパフォーマンスを上げるという方法があります。世の中には、自分の意志が尊重されていれば報酬は少なくてもいいと考えている人も多く存在します。無償ボランティアとまではいかなくても、「報酬にこだわらず、自己実現のできる仕事がしたい」という志を持った人を採用するのです。

たとえば、会社を定年してリタイアしたようなシルバー世代の中には、第二の人生で何かを

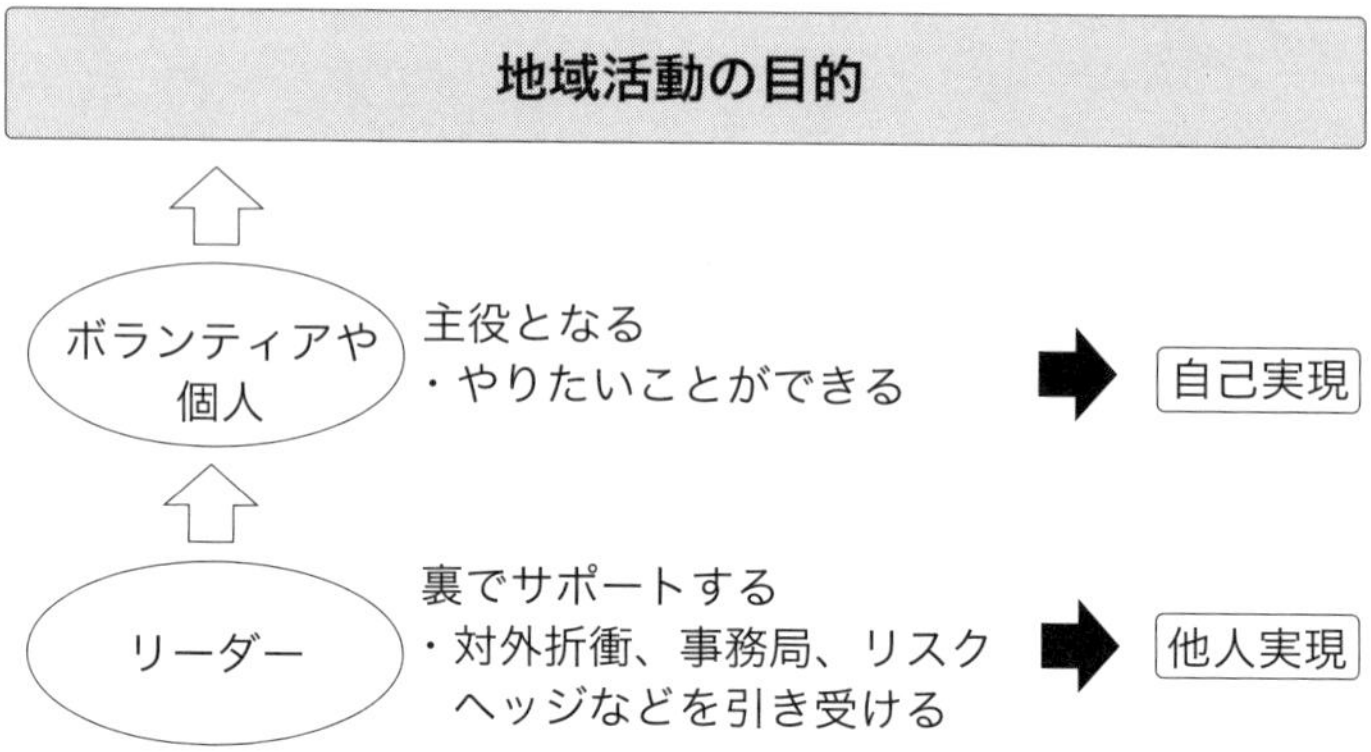

したいと考えている人はたくさんいます。ただし、そのような人の多くはフルタイムで働くよりは、週に1日、あるいは週3日というように、余暇とのバランスを重視したいと考えています。こういう方たちの希望を細かく聞いて、柔軟に対応できる人員配置システムを考えるのです。

報酬が少なくてもいい人には志で協力してもらう、報酬の必要な人にはたくさん働いてもらうということをうまく組み合わせることができれば、組織としてはコストの削減が可能になります。同時に、希望する自由な働き方を認めることで、個人の満足度が高められ、その結果として生産性も高まり、サービス向上も可能になるのです。

他人の自己実現を応援する

コスト削減対策に限らず、地域活動において「地域で自己実現したい人たち」を主役にして活動を広げていくことは、大きな成果が期待できます。ただし、そんな人たちをまとめて、思い通りの活動を展開するのはなかなか大変なことです。

ボランティアなどの志をもった個人には、それぞれ豊富な人生経験や得意な能力があり、地域活動に対する思いや「やりたいこと」を持っています。強引なやり方でまとめようとすると、反発を招くことも多いでしょう。

そこで、ボランティアや個人に主役になってもらい、自分たちはあえて裏方に回ることで、活動がスムーズに進み、結果として成果を上げる場合があります。

多摩丘陵の自然を多く残した自然保全型公園である長池公園には、スタッフやボランティアの中にも自然好きな人たちが多くいます。自然の豊かな公園をより良くしたいと、暑さ寒さの中での野外作業も苦にならない人たちはたくさん集まってきます。

たとえば、現在89歳になる西田さんという方は、自然館のオープン当初から長池公園のボランティアガイドとして活動しています。

西田さんは子どもの頃から植物が大好きで、長池公園に毎日のように遊びに来ていました。ある日、自然館の受付をしていた女性スタッフが公園利用者の質問にうまく答えられずにいたのを見かけて、代わりに説明してくださったことがありました。その後、たびたび自然館にやってきては手伝ってくれるようになり、植物の説明会や観察会をやっていただいたこともありました。

ずっと無償のボランティアですが、「自分としては趣味としてやっているので、お金をもらおうなんて考えたことはない」と言ってくださっています。そればかりではなく、「ここへ来るようになって、自分で調べたり内野園長に教えてもらったりして勉強にもなった。活動を通して知らない植物に出会えることも、他の人に説明するのもとても楽しい」と喜んでくれています。

ＮＰＯフュージョン長池としては、彼らに良い仕事をしてもらえば、地域の公園を良くして、地域を豊かにするという目的を達成することができます。必ずしも自らが先頭に立って活動する必要はありません。

主役となる他人に良い仕事をしてもらうポイントは、彼らがあまりやりたがらない仕事を、我々が引き受けることです。たとえば、自然に関する知識は専門家のように豊富だけれども、対人関係を苦手とする人がいたとします。その人に対しては、苦手とする対人関係を処理する役割を担ってあげることで、得意な能力を十分に発揮してもらうことができます。

このように、ＮＰＯフュージョン長池は、多くのスタッフやボランティアが苦手とする行政（八王子市役所）との折衝や、マスコミ対応などを裏でこなすことで、スタッフやボランティアが大好きな自然相手の仕事を思い切りできるように心がけています。

他人は必ずしも思い通りにはならないので、その活動が自分の思いとはズレてしまうこともあります。しかし、主役となって好きなこと、得意なことをできる人にしてみれば、それを思い切りできる環境を与えられることによって、思いがけない大きな成果を挙げ、結果的には活動の目的も達成できるかもしれません。

組織が主役の会社とは違い、地域活動の主役は人です。組織や地域活動の目的も大事ですが、地域を豊かにするという意味においては、主役として活動する地域の人が幸せになることが大事です。思いが実現できたことで、主役となった地域の人は大きな満足感が得られるでしょう。つまり、地域を豊かにするという意味においては、地域活動の目的が達成されるとも言えます。

ＮＰＯフュージョン長池において地域活動を行っていく私たちには、他人が自己実現することを喜びとする資質が求められるのだと思います。他人が自己実現できる場をうまくつくることができたならば、活動の本来目的もおのずと達成されるでしょう。私たちの思いを共有できる他人が自己実現することで、私たち自らの自己実現にもなる。そんな、いわば「他人実現」ともいうべき視点を大切にしていきたいと思います。

組織における人間関係の考え方を学ぶ

ここまで、ＮＰＯとはどういう存在なのか、まわりの人たちとどんな関係性を築いていくのかについて学んだことをご紹介しました。最後は、私たちが組織としての活動を続けていく上で、どんな心構えでお互いの関係性を築き、どんな職場環境をつくっていけばいいのかという点について考えてみたいと思います。

サーバント・リーダーシップ

ＮＰＯ法人のようにフラットな組織や団体の運営において参考にしたい考え方として、「サーバント・リーダーシップ」というものがあります。

サーバント・リーダーシップは、１９７０年にロバート・グリーンリーフ氏が提唱した言葉で、まず相手に奉仕し、その後相手を導いていくことによって、相手の信頼を勝ち取り主体的な協力を得ることができるという考え方です。

これは、地位や権力やお金で相手の上に立ち、相手を動かそうとする従来のピラミッド型組織の考え方とは対極をなすものです。ＮＰＯフュージョン長池のようなＮＰＯ法人組織では、トップダウンではなく、このサーバント・リーダーシップのような考え方を持つことで、組織

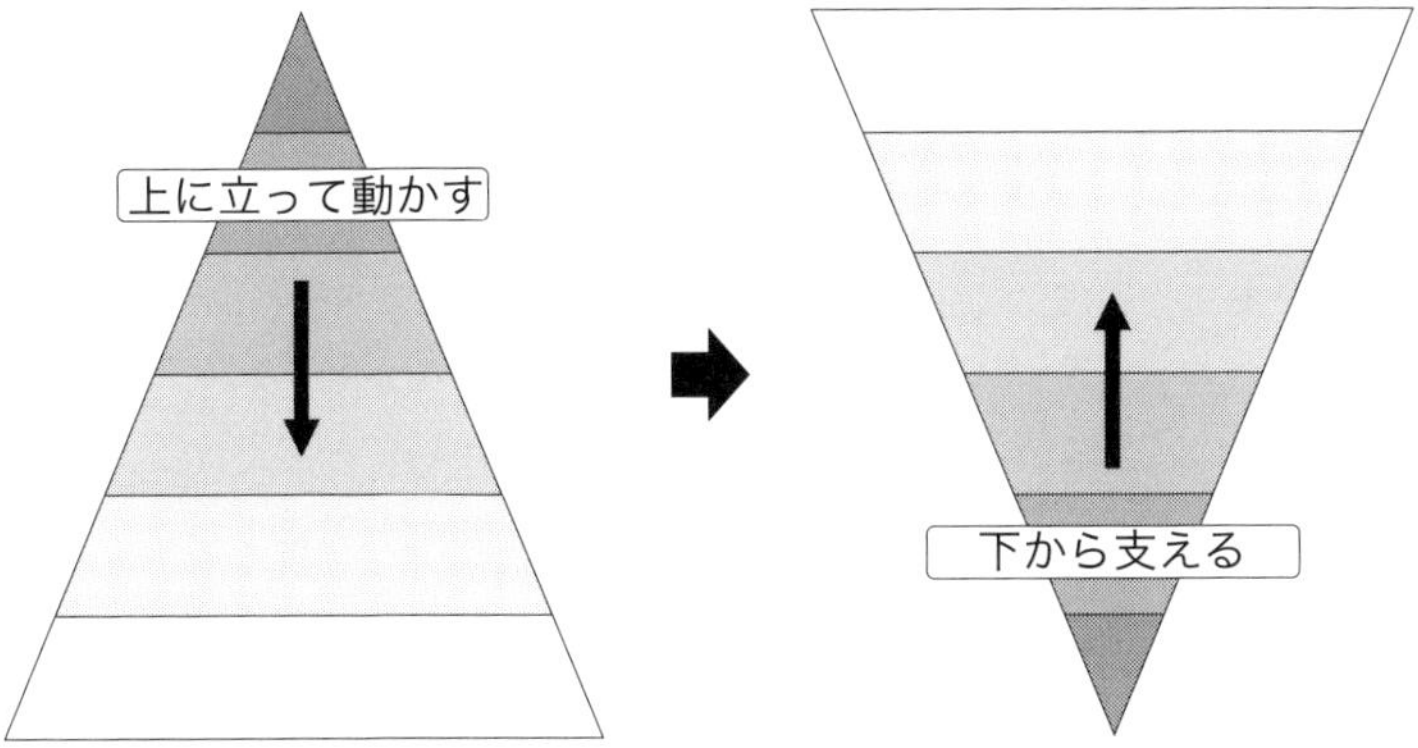

従来のピラミッド型組織
（トップダウン）
逆のピラミッド型組織
（サーバント・リーダーシップ）

をうまく運営できると考えています。

そして、この考え方は組織内部の人間関係だけではなく、活動に関わるさまざまな人との関係性においても通じるものがあると思います。

日頃の公園管理で私たちが心がけているのは、まず相手が望んでいることを聞き出すためにしっかり話を聞き、どうすれば役に立てるかを考えるということです。そして、相手が共感、納得できる明確な答えをわかりやすく簡潔に示すよう努めています。

人を幸せにするという志のもとに、自分の利益よりも、まず先に相手に利益があるように考え、行動していく。そうした相手への敬意や配慮のひとつひとつが、結局は長池公園の発展、地域の価値向上につながっていくのだと考えています。そして、

サーバント・リーダーシップの特性（NPO法人日本サーバント・リーダーシップ協会）

傾聴	・しっかりと話を聞く。 ・人の話を途中でさえぎらない。 ・気が済むまで話させる。
共感	・誰でも無条件で受け入れる。 ・自分を丸裸にする（自分に私心が無いことを示す）。
癒し	・気分良くする（不満が無い状態） ・良いところを褒める。 ・長所を伸ばす。 ・皆が自分のこと分かっているという安心感を与える。
気づき	・繰り返し言葉にする。 ・アンテナを立たせる。 ・他人事と思わずに常に我事として捉える。
納得	・美しい誤解と錯覚。 ・相手にとって利益になるように解釈を生む。 ・人は「利」で動くことを理解させる。 ・認める条件を与える。
概念化	・夢を語って導いていく。 ・具体事象を抽象化する。
先見力	・自分の個人の身の回りの環境を理解する。 ・社会環境を理解する。
執事役	・相手のメリットを本人の喜びにする。
人々の成長への関与	・仕事を通じてその人のレベルに合わせて成長させようとしている。 ・老若男女の特性に合わせた組織作り
コミュニティづくり	・相互理解を前提としたコミュニティ ・全員が関与するコミュニティ

それこそが私たちの求める社会的利益なのです。

私たちのようなＮＰＯ法人は、利益を追求しない組織だからこそ、自分たちのしたいことを優先させることなく、相手が望んでいることを聞きだして、具体的な解決策を行動で示すことができます。そして、それによって人びとが共感、納得してくれるのです。

日々直面するさまざまな場面で、相手に対して自分がどんな立ち位置でいればよいかというポジショニングを考える上で、サーバント・リーダーシップという考え方は重要な学びとなりました。

ＮＰＯ法人日本サーバント・リーダーシップ協会では、サーバント・リーダーシップの特性として、10の項目を挙げています。ＮＰＯフュージョン長池では、これを次のように考えて取り入れるようにしています。

職員自身の自己実現を叶える

公園管理において、より良いサービスを提供するには、お客様満足度を上げることが必要です。そして、そのためには、職員（公園スタッフ）の満足度を上げることが重要だというのが、ＮＰＯフュージョン長池における考え方です。

先ほどの、「自分よりもまず相手の利益を先に考える」という考え方とは矛盾するようで、最初は戸惑いも感じました。しかし、毎日の業務を積み重ねながら学びを重ねるうちに、良いサービスを継続的に行っていくために不可欠な視点だと感じるようになりました。

来園者を大事にしたいと思えるのは、自分（職員）も大事にされていると思うからです。その延長線上で職員が来園者に接するときに、自然とそういう空気感になっていく。そんな環境をつくることで、結果的にお客様満足度の向上にもつながっていきます。逆に言うと、職員満足度が高くなければ、顧客満足度が上がるわけはないのです。

そこで、まずは「働く人間に対してのきめ細やかさ」に目を向け、ＮＰＯフュージョン長池で働いているスタッフひとりひとりが満足するような空間をつくるよう心がけていく。そして、それぞれの才能を活かせるよう、その個性に合わせて業務をコーディネートしていくようにしています。

それを可能にするための基本として、ＮＰＯフュージョン長池では、スタッフひとりひとりの「やりたい」を実現することを大事にしています。組織としての枠に人間をはめ込むのではなく、ひとりひとりの「やりたい」を実現することを目指すのです。

組織としての目標を、経済的価値ではなくてひとりひとりの自己実現そのものに置くことによって、個人の「やりたい」という思いをみんなで受け止めることが可能になります。経済合理性よりも「人の思い」を優先させるということです。

ひとりひとりの「やりたい」は違っていても、「地域の人が幸せになれる場所をつくる」という共通の思いがあれば、個人の「やりたい」を実現することは、組織としての使命を果たすことにもつながるからです。

一方で、職員が自分の「やりたい」を実現するためには、上からの指示を待つのではなく、地域に住むひとりひとりが幸せになるには何をしていけばいいのか、やるべきことを自ら考えていく必要があります。

ひとりひとりの自立を促すために、細かい指示を出すのではなく自発的に動くのが基本です。自分自身で地域の課題を見つけ出しながら、自分の役割や使命を考えられるようになれば、必然的に地域に社会的利益を還元する質が良くなり、スピードも速くなるはずです。

私たちがこのＮＰＯフュージョン長池にやってきたときも、一番魅力に感じ、ここで働きたいと思った理由は、ここにいるスタッフみんなが幸せそうに働いている姿を見たことです。やってきた経緯やそれぞれのバックグラウンドは違っていても、その思いは5人共通でした。

この仲間の中に入って自分もいっしょに「地域の人を幸せにする」という使命を果たしていきたい。そんな思いの延長で、私たちは今、ここで働いています。

まだまだ学ぶことはたくさんありますが、第一世代が築いてくれたＮＰＯフュージョン長池を受け継ぎ、自分たちひとりひとりが夢見る目標に向けてがんばっていきたいと思います。

第3章

NPOの未来を語る——若者たちの夢

NPOフュージョン長池にやってきて以来、若者たちは新川塾や日々の業務を通してさまざまなことを学んできた。ある程度成長してきた今、私が彼らに対して望むのは、第一世代が築いてきたものを引き継ぐだけではなく、今後は彼ら自身の夢の翼を広げて行ってほしいということだ。NPOフュージョン長池の組織目標は、個人個人の夢が融合されるところにこそあるのだ。ゆめゆめ、組織目標のために個人の夢を描くのではない。

そこで、この機会にここまでの道を振り返り、将来自分がどんなことをしていきたいのか、5人それぞれに夢を語ってもらった。未熟な作文ではあるが、5人5色の個性あふれるそれぞれの思いを、温かく見守っていただきたいと思う。

公園管理という仕事にかける夢

大沢　敦

多摩市に生まれた私は、大学時代を仙台で過ごしました。その間に両親がこのNPOフュージョン長池で行っていたコーポラティブ住宅に参加して家を建てたため、卒業後に戻ってきたときには、八王子市の別所地区に住むことになりました。その後、この長池公園の自然館で働くようになり、そこで知り合った女性と結婚して2人の子どもにも恵まれ、現在は上柚木地区に家族4人で暮らしています。

私は子どもの頃から自然が大好きで、小学生の頃は、近くの公園や空き地で虫取りばかりしている昆虫少年でした。大学を受験するにあたっては、生物とは一体何なのか知りたいと思い、理学部の生物学科に進み、専門分野は植物分類学を選びました。研究室で研究するのではなく、フィールドに出て調査する分野で学びたいと思ったからです。

学生の頃から漠然と、将来は自然と関わる仕事ができればと思っていました。進んで選んだ道ではなかったけれど、毎日自然に触れられる公園管理という現在の仕事は、とても気に入っています。仕事でフィールドに出ると、新しい発見や知らない動植物に出会う機会がたくさんあります。大学での研究にはなじめませんでしたが、日々体験できる今の学びはとても魅力的です。

この仕事に就くまでは、近くの公園は散歩しながら自然観察する程度でしたが、その管理者として働くようになり、いろいろな問題点も見えるようになりました。もっとこうしたい、こんな公園にしたいという思いも芽生えてきました。以下、今後の公園管理で取り組んでいきたいこと、私の目指していきたいことについて書いてみたいと思います。

東部地区公園について

浄瑠璃緑地は長池公園と蓮生寺公園の間にあり、両者をつなぐみどりの回廊としての役割を担っている緑地です。しかし、現在は手入れが行き届かず、雑木林の林床にはササが生い茂り、竹林は荒れ果ててしまっています。

当然、暗い雰囲気となってしまった緑地内の通路は利用する人も少なく、不満を感じる周辺の住民からは、度々苦情が寄せられるという状態です。これは、樹林地内は手入れの義務がないため、長年放置されてきたことによります。

自分は以前から、東部地区にはこのように手入れが必要な樹林地や竹林が何箇所もあり、その価値を大きく損ねていると感じていました。このような、手入れが必要だができていない緑地の整備を進めることで、迷惑な緑地から居心地の良い緑地へ変えていきたいと考えています。

現在の公園・緑地のみどりの管理には、園路沿いや広場の草刈りをするなどの必要最低限の場所しか作業が行われていません。経費が削減され続けた結果、そこしかできなくなってしまったのです。必要最低限の場所の作業ですら回数を減らさなくてはなりません。そして、予算が今後増えることは困難です。

そのような中で必要最低限以上の管理を可能にするには、工夫が必要です。まず、これまで画一的に同じ回数で実施されてきた草刈りの回数を、場所ごとに細かく見直し、減らせる場所は適正な回数に変更するなどで余力を生み出し、少しでも必要な作業ができるようにしたいと思います。公園・緑地の性質や社会状況に応じた適正な管理方法を探っていきたいと考えています。

さらに、周辺住民に「いきがい就労」という新しい考え方で働いて頂き、手入れを行うことという方法もあります。平地の草刈り等はプロの職人でなくても可能です。「いきがい就労」とプロの職人による作業を組み合わせれば、効率化が可能になるでしょう。究極的には、プロの職人からボランティアまでさまざまな状況に応じたグラデーションが実現できれば理想的です。

草刈り以外にも、地域住民が参加できる可能性はいくらでもあります。ベンチを補修するといった軽微な修繕、自然情報の収集など、専門家ではなくても経験や知識のある市民にも可能です。このようなちょっとした「お手伝い」をしてもらうことで、より多くの人が公園・緑地に関われる仕組みやきっかけづくりができれば、大きな相乗効果が期待できるのではないかと考えています。

参加者にとっては、これまでは散歩や子どもと遊ぶためだけに利用していた公園・緑地の管理に、自分が参加できるようになることで、生きがいや気分転換、運動不足解消、仲間づくりにもなり、地域への愛着とつながっていくと思います。

その結果、従来の管理では手入れが不十分だったところに手が入り、快適な公園・緑地となることで、利用者や管理への参加者も増えるという好循環が生まれるでしょう。

みどりの管理は大変ですが、日々移ろい変わる自然にふれながら、快適な空間をつくり出すことができる、魅力的な仕事だと感じています。このような素晴らしい仕事である公園・緑地の管理に参加する人がひとりでも増えて、そのサポートが少しでもできれば幸せです。

長池公園について

前述の「生きがい就労」という考え方は、長池公園の管理を実践する中で生まれてきた手法です。このように長池公園は、一歩先を歩いていることもあり、東部地区のモデルとなることもたくさんあります。東部地区からみれば小さな公園ですが、小さいからこそモデルをつくりやすいとも言えます。

ひとつの公園としては十分な規模もあり、自然環境や体験学習施設など要素も十分に揃っています。今後の長池公園の目標としては、東部地区だけでなく全国の公園のモデルとなるように、小さな課題のひとつひとつに工夫を凝らした手法で解決策を見出すことに挑戦し続けていくことだと思っています。

そのような中で、今後、私が積極的に長池公園で取り組みたいことが３点あります。

まずは、雑木林の高齢化対策です。薪炭林として使われなくなり、定期的に伐採して更新する作業が行われなくなった雑木林では、高木化した樹木が林立し、枯木や倒木の発生や、生物多様性の低下といった問題が起きています。伐採するのは簡単ですが、大きな環境改変には生物の生息環境に大きな影響を与えるというリスクが伴います。また、伐採後の管理をどのように進めていくのかなどの課題もあります。伐採後の環境変化をモニタリングしながら慎重に進める必要があります。

同様の課題を抱えた公園・緑地は全国にも数限りなくあり、データを蓄積していくことで全国のモデル事例となると思っています。結果が出るまでには時間がかかりますが、じっくりと取り組む価値のある課題です。計画の立案から実際の現場作業まで手さぐりで進んでいくことになるので、大きな経験になると期待しています。

次に、池の環境改善です。長池、築池のいずれの池もブラックバスやブルーギル、アメリカザリガニ、ウシガエルといった外来生物に完全に占拠されてしまい、在来生物は数えるほどしか生息していないのが現状です。これらの外来生物をいかに駆除して、豊かな生物環境を取り戻していくかは、今後の大きな課題です。

しかし、池の環境改善は一筋縄ではいきません。外来生物を駆除するといっても1匹捉えるのも簡単ではありません。ある程度の個体数まで減らすにも膨大な手間がかかることが予想できます。さらに、こうした自然保全に関しては、広場や園路沿いの草刈りなどとちがい、利用者に直接的な影響を与えることがないため、軽視されがちです。少ない予算の中ではなかなか取り組めないのが現状です。

これについては、これまで積極的に取り組んでこなかったボランティアの力を借りることも必要になるのではと感じています。ボランティアと協働するのはもっともむずかしいことですが、次なるステップには必要な挑戦ではないかと考えています。

そして、次世代の育成です。現在も主に学校との連携やイベントという形で、子どもの環境教育に積極的に関わることができていますが、もう一歩進んだこともできると思います。

たとえば、「自然観察クラブ」のような子ども向けの講座をつくり、自然のおもしろさを伝えたり、課題研究をサポートしたりということがあっても良いでしょう。それなりに専門的な知識も必要とされるためか、現状では意外に少ない活動のようです。自分としては子ども時代に、そんな活動があれば参加したかったなと思いますし、身近な自然のおもしろさをより深く知ることで、地域への愛着へつながっていくのではないでしょうか。そんな中から将来、長池公園や東部地域の自然を守る活動に参加する人が出てきてくれれば、うれしいことです。

ＮＰＯフュージョン長池について

最後に、これらの活動を支えているのはＮＰＯフュージョン長池という組織があってこそです。自分は何もかも分からず、何もできなかったところからのスタートで、富永さん、内野さんをはじめ、多くのスタッフにひとつひとつ丁寧に育てていただき、ここまで来ることができました。ときに厳しく指導をいただくこともありましたが、それも含めて本当に「人に優しい」ところだと感じています。この居心地の良さは将来に引き継いでいきたいです。

組織のマネジメントは、これまでは富永さんの力によるところが非常に大きく、自分ひとりでは荷の重い仕事です。しかし、同世代の皆と力を合わせながら、自分ができること、自分自身が成長しなければいけないことに、少しずつ取り組んでいきたいと思っています。

今の自分があるのは、富永さんをはじめNPOフュージョン長池のみんなのおかげなので、その恩返しが少しでもできればうれしいです。

総合型地域スポーツクラブを実現したい

富永哲夫

自分にできることは何か？

１９８６年、私の父であるＮＰＯフュージョン長池理事長富永一夫は、神奈川県の横浜市から多摩ニュータウンの南大沢地区に引っ越してきました。

自分が生まれた頃の南大沢の４丁目はまだ開発途中で、近くには造成地が多く残されていました。子どもの頃、僕は「セミが僕を呼んでいる」という名言を残したらしいのですが、虫取りやサッカー、野球など、さまざまなことで遊べる場所がたくさんありました。

幼稚園の時の先生に、「サッカーが上手だね」と褒められたことをきっかけに、小学校1年生で近くの少年サッカーチームでサッカーを始めました。そのときのコーチが阿部正人さんです。この人の出会いがなければ、今の私がないといっても過言ではありません。

阿部さんには、サッカーを通して、人としての在り方、振る舞い方、人の大切さなどを教えてもらいました。卒業の時にいただいたメッセージ「人に優しく、自分に厳しく、何ごとにも頑張れる人になってください」という言葉は、今も胸に刻まれています。

その後、私は高校1年生の終わりまでサッカーを続けました。高校時代のサッカーは苦しくて毎日がつまらなかったけれど、本当のサッカーとは楽しいものです。この楽しさを子どもたちに伝えたい。それが、ずっとサッカーを続けてきた自分が抱いた想いでした。

そんな想いもあり、大学に進学後は、自分が所属していた少年サッカーチームでコーチのアルバイトに携わりました。そこで感じたことは、「人の役に立つことの喜び」です。しかし、同時に、子どもたちの一生のうちの大切な時間をお預かりするには、自分は人として未熟すぎるということも感じていました。

大学卒業後は2年間、精神障がい者の福祉団体で勤務しました。しかし、障がい者の方は自分より人生の先輩が多く、当時の自分にできることには限界があるように感じました。その後、教育系のコンサルタント会社で1年間働きましたが、やはり自分は「人の役に立つこと」がしたいという想いは変わらず、退職しました。

その後、NPOフュージョン長池で働き始めたのは、2009年9月からです。きっかけは、長池公園の経理業務を担当していた鈴木洋子さんが退職するということで、その業務を引き継ぐ人を探していたことでした。

今考えると、自分がこれからの人生に悩んでいることを知り、NPOフュージョン長池で働けるようにするために配慮してくださったのかもしれません。複式簿記など経理の知識がまったくない自分に、丁寧に根気強く教えてくださった鈴木洋子さんには、感謝しても感謝しきれないほどの恩義があります。

長池公園では、日々の内勤業務、経理、総務、修繕、行政対応、公園の野外業務などさまざまな業務を経験させていただきました。これも、ひとえに働く職員の方たちの心の優しさのおかげであると思っています。

また、父である理事長富永一夫の考え方が、ビジネスの世界にありがちなピラミッド型組織の考え方ではなく、「その人の自己実現を応援する」というサーバント・リーダーシップに近い考え方であったことも要因だったと思います。

２０１４年4月からは、長池公園の管理・運営業務に加え、八王子市東部地区公園の管理・運営業務が加わりました。長池公園は、理事長の富永一夫と園長である内野秀重さんをはじめとする職員の方々が軌道に乗せた状態のものに、自分が加わる形でした。しかし、八王子市東部地区公園の管理・運営業務は、まさにゼロを1にする戦いとなります。今まで以上に気を引き締めて取り組んでいかなければならないと思っています。

２０１３年は、長池公園の第三期指定管理者への応募と、八王子市東部地区公園の指定管理者への応募という、まさに激動の1年でした。応募提案書の作成から面接、予算組み、人事、契約書の作成、一般社団法人の設立など多くの経験をし、大変だった一方で、やりがいと楽しさも感じる日々でした。

そして、２０１４年4月からは、八王子市東部地区公園の管理・運営がスタートしました。私は、大沢敦さんや小林健人さんのように自然界に精通しているわけではありません。そんな自分に何ができるかを、日々考えながら業務に従事しています。

自分にできることは、この2人に不向きな業務、たとえば修繕、経理など、自然界より人間界に近い業務なのだと思っています。自分は「公園の何でも屋」が性に合っている気がしています。たとえば、午前中は木の伐採業務、午後は年末調整の説明会に行く。そんな1日の過ごし方が、自分らしいのかなと思います。

自分は、サッカーにたとえたら、キャプテンではなく副キャプテンタイプなのだと自覚しています。働いている人が気持ちよく、業務の抜け落ちがないようにサポートする。そこに「人の役に立っている」という実感と、幸せを感じるのです。

八王子市東部地区公園の管理・運営は、まだまだ成長過程です。地域に住む人たちが自分たちの住む場所に愛着を持ち、そこの公園管理に携わり生きがいを持って暮らしていく。自分たちが思い描くような、そんなまちをつくるには時間がかかるでしょう。しかし、真摯に取り組んでいけば、近い将来に実現できると信じています。

夢の実現に向けて

今、私にはひとつの夢があります。それは、自分の根幹をつくってくれたサッカーというスポーツを軸に、生まれ育ったまちである「多摩ニュータウン」で社会貢献していくことです。具体的には、総合型地域スポーツクラブという考え方をイメージしています。この考え方のルーツは、ヨーロッパにあります。地域に住む人たちが参加してつくるスポーツを中心とした組織で、地域に住むすべての世代の人が集い、地域のコミュニティの場となっています。

この考え方を、自分が生まれ育ったまちで展開することで、この多摩ニュータウンを「ニュータウン」ではなく、どこにでもある「普通のまち」として、地域に愛着を持つ人を多く育みたいと思っています。

多摩ニュータウンは一斉入居のまちなので、自分が子どもの頃は多くの子どもたちがいましたが、現在は子どもが減ってきています。その関係で、多摩市では小学校の統廃合が始まっています。私は、人口減少で必要なくなってきている小学校を廃校にするのではなく、小学校の機能を残しながら、総合型地域スポーツクラブの拠点として利用するのがいいと考えています。

多摩ニュータウンは都市計画によってつくられたまちであり、小学校はまちの中心地にあります。グラウンド、体育館、教室、プールなども備えており、スポーツを行うには最適な場所です。また、音楽室、調理室、図工室などの施設も併せ持ち、コミュニティの場所としても最高の場所です。

この地域の拠点となり得るフィールドを、ＮＰＯフュージョン長池のスポーツ部門のような形で、指定管理者として行政から受託して管理・運営していくことが、将来の自分の夢です。

現在のこの公園管理での日々の経験を通して、社会の仕組みや地域の人との関わり方を学ぶことは、その夢の実現に役立つことは間違いありません。目の前のことに真剣に取り組み、一歩一歩積み重ねていくことで、自分自身の「人間力」も身につけて、いつの日か目標に近づいていけたらと思っています。

多摩丘陵のトコロジストを目指して

小林健人

ＮＰＯフュージョン長池の「自然界担当」、小林健人です。突然ですが、私の夢は今まさに実現しつつあります。これまで漠然と思い描いていた理想が、形になってきたことを日々感じるからです。ここでは、そんな私の生い立ちと現在の夢、そして今後の展望を書いてみたいと思います。

私は幼少の頃から生き物が好きでした。小学校２年時に多摩ニュータウンへ引っ越してきてからは特に野鳥への興味が膨らみ、気付けば周囲からは「鳥博士のたけとくん」と呼ばれるようになっていました。

当時の多摩ニュータウンは、身近にみどりが存在し快適で住み良い街である一方、大規模な開発がリアルタイムで進行していました。次々と失われていく自然環境を見るたびに、私は自分のことのように心が痛みました。大好きな地域の自然や生き物を守っていきたい、その魅力を伝えていきたい、そう思うようになったのは中学生のときのことです。

以来、動植物の世界にのめり込み、学業、部活、ボランティアと、自然に関わるたくさんのことにチャレンジしました。そして多くの方と出会い、学びました。ただただ、「自然を知りたい、見たい、伝えたい」の一心で我が道を突き進んできたのです。その間、自分にとってのホームグラウンドは「多摩ニュータウンという街」であり、「多摩丘陵のみどり」であるという感覚は常に抱きながら過ごしてきました。この地は私にとって大事な「心のふるさと」だからです。

会社を辞めた頃、相談のために訪ねた長池公園は、多摩ニュータウンの一角に残された里山の公園でした。以前から時々足を伸ばしてはいたのですが、改めてその空間に魅力を感じました。多摩丘陵に残る豊かな自然の、まさに「縮図」のような場所で、野鳥や植物の宝庫であることはもちろん、公園に関わる人と自然とが温かく私を受け入れてくれたことが何よりも印象的でした。中学の頃から、地域で自然と関わる仕事ができたら、という漠然とした気持ちを持っていた私は、次第にこの場所で働いていくことを決意していきました。

公園管理のこともＮＰＯのこともゼロからの勉強でしたが、心優しいスタッフとともに、私の心のふるさとである多摩ニュータウン、多摩丘陵の一角で働けるという喜びに勝るものはありません。

そんな私の夢、それは「多摩丘陵のトコロジスト」になることです。（トコロ＋ジスト……その地域の専門家。浜口哲一氏提唱）

ＮＰＯフュージョン長池での活動、長池公園及び八王子市東部地区公園の管理運営を通して、私はその夢への第一歩を踏み出しました。多摩丘陵のトコロジストとひと言で言い表しましたが、具体的にはトコロジストとして以下の３つの使命があります。これらの使命を実践・実現し続けることが私の夢であり目標です。

地域住民の「郷土愛・自然を楽しむ心」を呼び戻すこと

八王子市の市民意向調査によると、今後も八王子市内に住み続けたい住民は、全体の９割を超えるそうです。さらに、その理由について「自然やみどりが豊かだから」との回答が約７割に及ぶことが分かりました。

確かに八王子は高尾山、陣馬山などみどり豊かな環境を有しています。しかし、この調査結果にある「みどり」とは、週末登山に出かける遠いみどりのことではなく、生活空間と隣り合わせに今でも豊かに残っている、すなわちごく身近なみどりのことを指しているのではないでしょうか。そしてその身近なみどりとは、団地の裏山や神社の杜、公園・緑地のみどりのことを言っているのではないかと思うのです。

生活の中に公園・緑地が存在していることは、どうやら八王子市民にとって当たり前のことであると同時に、誇りになっているということが言えそうです。

それにも関わらず、公園・緑地には、市民からのみどりに関する苦情ともいうべき要望・意見が絶えません。それは、みどりなど必要ないと思っている、あるいはみどりを誇りと思っていない一部の市民の声なのでしょうか。

私はそうではないと断言します。どんなに関心がなかったとしても、みどりがそばにあることを理由にこの地を選んだ住民が大半であるはずだからです。

「草が伸びて汚いから刈ってほしい」

「落ち葉が道に溜まるから木はいらない」

このような要望は、入居当初に思い描いていたみどりと、現状のみどりとがイメージの上でかけ離れていたことに起因しているケースが多いと考えています。

八王子市東部地域のみどりは、雑木林がその多くを占めています。雑木林では毎年、下草が茂り、冬には葉が大量に落ちます。この自然の現象が里山を感じさせる光景であり、昔ながらの良さであるとも言えます。

ただ、ひとつ今と昔とで違う点があります。それは、里山に身を置いて、生活のために自ら手を入れたり、ゆったりと四季の移り変わりを楽しんだりする機会がないことです。

公園管理者としてできることは、こうした身近なみどりと関わる機会を積極的につくることだと思います。実際に、長池公園と八王子市東部地区公園の管理を通して、個々の公園・緑地に存在する「みどり」の意義や魅力を積極的に伝え、あるいは管理・体験への参加を促していくことが少しずつ成功しています。

たとえば、伸び放題の草むらにも、さまざまな生き物が暮らしていることの重要性やおもしろさを伝える看板を立てたり、鎮守の森にはフクロウを頂点とする特有の生態系が育まれていることを来園者に解説したり。そういった情報発信の積み重ねによって、身近なみどりを「やはり良いものだ」と、マイナスイメージからプラスイメージへと変えられたとき、私の願いは達成されるでしょう。今後も「身近なみどり」の魅力をたくさん見つけ出し、それらを市民の誰もが理解しやすい形で発信し続けることが夢であり、大きな使命のひとつです。

子どもたちに「自然とのふれあい」の場を創出し続けること

数十年後の地域の未来を想像したとき、もし仮に市内に住み続けたいと思う市民が現在と同じくらい多かったとしたら、その頃の地域の主役は間違いなく今の子どもたちです。子どもたちは地域の未来を担っているのです。

その意味で、私は子どもたちには特に地域のみどりに目を向け、そこで「体験」や「発見」を経験してほしいと願っています。放課後の自由時間が少なくなり、遊びのツールも多様化した現代において、自然とふれあう機会をつくることはとてもむずかしくなりました。

そんな中で、子どもたちと自然を結ぶためのアイディアのひとつが、学校の授業で公園のみどりを活用するというものです。地元小学校と公園とが連携することで実現するこのアイディアは、現在3年目となる「総合的な学習の時間支援活動」として既に実践しています。私が得意とする野鳥観察をテーマに、公園を利用した校外学習を行っているのです。

この取り組みは、まさに子どもたちが身近なみどりの楽しさを体験し、また自ら発見する喜びを得る機会として成功しています。彼らの天真爛漫な笑顔と自然を味わう豊かな感性を見ていると、その瞬間、私は心を動かされます。夢がまたひとつ叶ったと思うのです。

来年度、新たに別の小学校との連携が決まりました。今度は一体どんな表情を見せてくれるでしょうか。私の子どもたちにかける夢は、どこまでも広がっていきます。

誰もが気軽に足を運べる公園環境を模索し続けること

公園をより魅力的にしたいという思いを持ち、新しいことに挑戦し続けることは、楽しくてやりがいがあります。公園に新しくボランティア制度をつくったり、知り合ったばかりの仲間と連携してイベントを企画したり。そういったひとつひとつの挑戦が積み重なって、公園の魅力向上につながっていっていることは間違いありません。

しかしながら、良かれと思って実践していることが、一方で大事なことを見失ったり、一部の来園者の思いを犠牲にしてしまったりすることもあるのではないかと、不安な面もあります。

イベントを企画すれば、そのイベントに快く参加してくれる人にとってはこの上なく良いものであったとしても、静かに公園の日常を楽しみたい人にとっては、少し迷惑に感じられることがあるかもしれません。自由が制限されるかもしれません。それが子ども対象のイベントだとしたら、参加したくてもできない人が大勢いるでしょう。

こうしたジレンマを解決するには、人の数だけ受け皿を用意するしかないと思います。一番大事なことは、「どんな立場・目的の人も、いかなる世代の人も、気軽に共用できる公園」であり続けることではないでしょうか。そのため、来園者ひとりひとりとのコミュニケーションを積極的に試み、どうしたら各個人の受け皿を用意できるのか、考え、試行し続けなければなりません。

公園は本来、黙ってそこに在り、来る人を選ばない公的な場所。しかし、管理者というソフトの存在によって、より多くの人が公園に来てくれるかもしれません。中には主張の強い人やマナーの悪い人もやってくるかもしれませんが、管理者目線でそれらを都合良く排除しようとするのではなく、できる限りそれぞれの個性を受け入れる手段を模索することが必要です。

以上のような思いから、私は自分の得意技である自然や動植物に関するさまざまな知識と経験を日々吸収し、これをバックグラウンドとして自ら話題を提供することで、来園者との日常的なコミュニケーションに努めています。特に、来園者ひとりひとりに合わせた適切な伝え方を選ぶ、ということをもっとも大事にしています。

「どんな立場・目的の人も、いかなる世代の人も、みんなが気軽に共用できる公園」とは、私が公園管理を通して実現し続けたい夢でもあるのです。

私は、「植物の師」である内野さんに憧れてこの仕事に就きました。それ以来毎日、多くのことを学ばせていただきながら思うのは、それを吸収するだけではなく、自分なりに表現できるようになりたいということです。そして、いつか一人前のトコロジストとして胸を張れるようになることが、10代の頃からお世話になってきた内野さんへの恩返しにもなるのだと信じています。

八王子市東部地域を世界に発信したい

田所　喬

私が、多摩ニュータウンに引っ越してきたのは、大学を卒業し、社会人として就職してから3年後の２００７年のことです。結婚を契機に夫婦の棲家探しをしていて、「妻の実家が近い」という理由から、この街に引っ越してきました。翌年には、子どもにも恵まれました。

妻が無事出産を終え、産婦人科から退院する日。新たに増えた家族とともに、ニュータウンの自宅にタクシーで戻っていた時のことです。車の中から外を眺めていると、しばらくは昔ながらの原風景が残る堀之内里山エリアの美しい景色が続いていましたが、トンネルを抜け、京王堀之内駅に近づく頃には、公団や民間のマンションが立ち並ぶ巨大なニュータウンの光景に姿を変え始めていました。

私は、わずか3キロのほどの赤子を抱き、「この子にとって、この街は「実家」になるんだよな。大きくなっても、「実家に戻ってきたい。この街が好き。住んで良かった。」と思ってもらいたい。そして、自分だけが幸せな世の中などないのだから、娘だけでなく、地域に住むひとりひとりが幸せな地域を実現したい！」と、自分にはっきり約束したのを、今でも鮮明に覚えています。そのときは、「どうやったら幸せな地域が実現できるのか」という具体的なイメージはなかったものの、漠然とそんな夢を描いた瞬間でした。

夢は描いたものの具体性を見出せない日々を過ごし、5年が過ぎようとしていた頃、運命的な出逢いが訪れました。2014年9月2日、NPOフュージョン長池の理事長である富永一夫氏との出逢いです。その後まもなく、富永氏の元に通うことになり、NPOフュージョン長池のインターンシップとして働くことになりました。私にとって、この出来事が人生の大きな転換点であったことは間違いありません。

そして、翌年の2014年4月から、八王子市都市公園指定管理者スマートパークス由木の職員として、八王子市東部地域にある152公園・緑地の管理・運営に携わるようになりました。

そんな現在の私の夢は「地域に住むひとりひとりが幸せな八王子市東部地域」の実現です。公園での仕事を通じて感じることは、「地域に住むひとりひとり」というのは実に多様だということです。公園はゼロ歳～百歳までの方が無条件に利用できる場所です。また、立場も性別も出身国も関係ありません。常識的なルールはあるとはいえ、来園の時間的制限さえもありません。そういった意味では、地域に住む人すべてに開かれている唯一の場所かもしれません。

だからこそ、多様な人たちが集まってくるのでしょう。そんな多様な人たちとどのように良好な人間関係をつくっていくのか。そして、その人たちが地域に住む幸せを感じるにはどうすればよいのかということを、公園管理という仕事をひとつのツールとして実現していくのが、私の役割であり夢なのです。そして、「八王子市東部地域」での幸せが、いずれローカル（地方・地域）からグローバル（世界）へと広がっていく、そんな夢の続きを、私は本気で描いています。

具体的には、以下のような目標・目的を持ち、日々実践し、夢の実現を目指しています。

地域のお世話係になる

たとえば、公園の仕事での私の役割のひとつに「要望・苦情（クレーム）対応」があります。市民からの要望・苦情を聞いて、実際に会って相談に乗ったり、解決策を考えてアドバイスしたり、実際に対応策を実施したりすることです。それは、いわば「地域のお世話係」ともいえるべき立場です。

クレーマー（苦情と言う人）というのは、最近では多方面で社会問題にもなっていると聞きます。しかし、私自身は、クレーム対応についてストレスや負担感を覚えたことがないのです。なぜなら、「クレームは、〈質問〉であり〈情報〉である」という考え方が根本にあるからです。「対応方法や表現の仕方がわからない」、だから「うまく伝えられなくてイライラしたり、言葉が足りなかったり。ストレートになったり、気持ちが前に出て語気が荒くなったり」しているだけ、と捉えています。

実際、クレームを入れてきた方にじっくり話を聞いてみると、第一印象とはまったく異なるケースも少なくありません。「この方は、話を聞いてほしいだけなのだ。情報を教えて欲しいだけなのかもしれない。」という気持ちでいれば、クレームをする方にも平常心で対応できます。また、苦情は貴重な情報でもあります。こちらが知らない情報をいただけると思えば、感謝の気持ちさえ生まれてきます。

前述したように、地域に住む人は多様です。だからこそ、対応も千差万別、十人十色になります。地域のお世話係というのは、その多様な人たちの個性や想いを汲み取り、その人の幸せを考え、寄り添っていくことです。クレームから始まった事柄でさえ人の幸せに変えてしまう、そんな強靭でしたたかな力をこれからもつけていきたいと思います。

地域のコーディネーターになる

「個々の力を集結し、地域の元気玉をつくれ！」。これは、富永氏から学んだ、地域の合言葉です。

公園は誰でも無条件に利用できる場所です。赤子から高齢者まで幅広い世代のヒトが公園を利用します。そういった、要望・苦情者・行政・公共教育機関・市民活動団体・アドプト団体（公園アドプト制度――市民団体や企業などの団体がボランティアで「里親」となり、公園などの一部区域を「養子」として維持管理活動を行う制度）など、地域で生きている人たちにお会いして、話を聞き、お互いの自己実現の場のきっかけづくりをし、コーディネートするのも私の役割です。

たとえば、地域の児童館の職員が子どもたちにゲートボールを知って欲しいと言えば、地元の老人会とつないで公園でゲートボール体験をしてもらってもいいでしょう。学童が地域に何か貢献したいと思えば、福祉団体と協働で地域のお掃除をしてもらうなど、地域内の人びとや団体をコーディネートすることで、地域にある多様な人のつながりが創出できるはずです。人間ひとりの力には限界があります。でも、それは人間ひとりがやりたい夢を実現することが「不可能」という意味ではありません。ひとりの自己実現を叶えるために、他の人が補完して、支えあって、お互い様で生きて行けば、個人の「不可能」は「可能」になります。そして、個人の自己実現のひとつひとつが集まっていけば、個人も幸せになり、地域も幸せになるでしょう。

そんな八王子市東部地域を目指していきたいと考えています。

Think globally, Act locally――世界規模で考えながら、地域活動

２００２年から1年間、私はカナダ留学を体験し、世界を肌で感じました。人種も立場も違うにもかかわらず、カナダに住む人たちの優しさ、温かさに助けられたのです。帰国後、日本語を外国人に教える資格を取得したのも、日本に来ている外国人の何か手助けになりたい、役に立ちたいという想いがあったからです。これからも、そんなグローバルな想いを心に持ちながら地域活動をしていきたいと思っています。

今後の国際化社会を想定すれば、今まで以上に日本に住む外国人も増えるでしょう。多様な人種が増え、地域の人もさらに多様になります。実際、現在もＮＰＯフュージョン長池が管理・運営する長池公園には、海外からもたくさんの公園視察が訪れています。世界を知り、公

園のあり方を考える絶好の機会でもあります。

具体的には、公園内のサインやホームページを英語化し、外国人が地域に溶け込みやすいような工夫（公園での交流イベント、海外の文化を紹介するフィールドの提供など）ができるでしょう。そうやって肌で公園・地域の魅力を感じてもらえれば、「口コミ」も広がり、世界への情報発信においても有効なはずです。そんなきっかけを提供していきたいと思います。

そして、９年間英語教室に勤めていた前職の経験を活かし、「地域に住むひとりひとりが幸せな八王子市東部地域」を世界へと発信し、海外の大舞台（国連など）で紹介したいという夢があります。日本の片隅にある一地域の活動から始まった「人が幸せになる」モデルケースが世界に波及していき、「みんなの幸せ」が世界へと広がるきっかけになったら、本当に素晴らしいことです。地域に住む人も誇りに思ってくれるでしょう。

地域から世界へ。私の夢は膨らむばかりです。

――今から20年後
私の娘が無事出産を終え、産婦人科から退院する日。

新たに増えた家族とともに、ニュータウンの自宅にタクシーで戻っている。

娘がつぶやく。「あ〜、やっぱりこの地域がいいよね〜。住んで良かったわ。早く帰りたい！」

私もつぶやく。「そりゃそうだよ〜。なんたって世界に誇れる八王子市東部地域だからね！」

漠然とした思いを明確な夢に

柳田拓也

私の夢はまだ明確ではありません。漠然と「人の役に立てれば」と思うのですが、自分には何ができるのはわからないし、何か物事をなしえる自信もありません。

そんな私が「人の役に立ちたい」と思ったきっかけと、公園管理の仕事をしていく中で芽生えてきた思いについて書かせていただきます。

八王子市へ

私は生まれも育ちも埼玉県の最南端にある川口市ですが、2014年3月に公園管理の仕事を始めるにあたって八王子市に越してきました。

八王子との出会いは大学3年生から行っていたインターンシップです。私は多摩地域にある大学に通っており、就職活動が目前に迫っていたこともあって、インターンシップをしようと思い立ち、多摩地域の企業が集まる小規模なインターンシップ説明会に参加しました。

しかし、将来の自分への展望も持っていなかったため、参加はしたもののどこへ行こうかも決めかねていました。そこで「どうせならおもしろそうなところへ行こう」と思い、八王子市にある会社（株式会社ロスフィー）へのインターンシップを決めました。

そこでは主に八王子駅周辺の駐車場や空き地を、期間を限定して（半日から1日）公園として活用する「ポケットパーク」という活動を行っていました。地域での活動に魅力を感じる反面、少し後悔もしていました。「柄ではない」のです。

私の性質をひと言で言うと「人見知りの極地」。恥ずかしながら、人間関係の輪の中に入るのが極端に苦手で、高校・大学時代にはろくに友人もつくらず（つくれず）学校に行くふりをして家を出ては公園でボーっとするような日々を送っていました。

おかげでインターンを始める頃には「人と会うのも嫌」という状態に陥っていました。そんな私にとって、地域の人たちと直に接する仕事に参加することは不安でいっぱいだったのです。

ところが、それは杞憂に終わりました。インターンシップ先の方をはじめ地域の人たちは、優しく自分を受け入れてくれたのです。話はろくにできないが、準備などの作業は真面目な態度で臨む私に価値を置いてくれていたのでしょう。私もやりがいを感じるようになっていた中で、今まで人を避けてきた反動とでもいうのか、漠然と「人の役に立つような仕事がしたい」と思うようになったのです。

八王子市東部地区公園の指定管理者へ

そんな思いを抱きながらも、大学4年生になった私は、一般企業へと就職活動をしていました。それが「普通」だと思っていたし、「地域で働くことはもうないのだな」とも漠然と感じていました。しかし、就職活動が思うように進まずフラフラしていたところ、インターンシップで知り合った田所さんから、公園管理の仕事に誘われました。就職先のアテもなかったので、「やらせてもらえるならやってみようかな」ぐらいの軽い気持ちで公園の指定管理者として働くことを決めました。

インターンシップの経験から、地域活動に興味がわいてはいたものの、公園管理という仕事が具体的にどのようなことをするのかは、正直よく分かっていませんでした（そんな状態でよくも飛び込んだなと、今思うとぞっとしないでもないのですが……）。それまでも、公園にはよく行っていましたが、そこを誰がどんな風に管理しているかなんていうことにはまったく関心がなく、草刈りをしていることすら知りませんでした。

そんな状態で始めた公園管理という仕事は、思った以上に多岐にわたっていました。草刈りはもちろん、トイレ・水道・公園灯など施設の修理、市民からの要望への対応。植栽、施設についての知識がまったくない私にとってはてんてこ舞い状態でしたが、周囲の皆さんのフォローのおかげで少しずつ仕事を覚えていくことができました。

社会人として、公園管理者としての知識がまったくない私に、富永さんはじめ皆さんは書類整理、経理、電話対応、市民対応、動植物の事等々、たくさんのことを教えてくれて、自分にできることを一緒に探してきてくれました。そのひとつが統計調査です。

最初は統計に関しての知識もありませんでしたが、専門家である竹田さんに、データの集め方からまとめ方まで手取足取り教えていただきました。自分自身、データの集計作業は性に合っていたし、データが形になることにおもしろさも感じるようになりました。また、八王子に越してきたばかりの自分にとっては、人口分布などのデータを客観的に見ることで、八王子市東部地域の姿を理解できるようにもなりました。この統計調査を、私たちがどんな風に役立てていこうとしているのかをお伝えするために、その調査の分析結果の一部をこの文章の最後に掲げておきます。

私の今の思い

2014年3月に大学を卒業し、インターンシップを経て、公園管理の仕事に至る今まで、何も分からずに手探りで動いてきた中で一貫して抱いている漠然とした思いは、「人の役に立つ」ということです。

私は、先輩たちのように地域に出て活動することは、まだできていません。今の私にできることは、そんな皆さんを補助することかと思っています。私は書類づくりなど事務作業のようなものはどうやら得意のようで、淡々とした作業は性にも合っているようです。事務作業など、ともすれば忘れてしまうようなことを、一歩下がり俯瞰で見てさらっていくことが、自分の役割ではないかと思うようになりました。それが皆さんの仕事の一助になり、地域の人たちの幸せにつながるのであれば、こんなにうれしいことはありません。(今回の統計調査も然り)

私は一時期、人が嫌で塞ぎ込んでいた時期もありましたが、そこから脱却させてくれたのもまた私の周囲にいた「人」なのです。そんな人たちの中で、これから自分自身成長していければと思うし、その先に明確なる夢があるのかもしれないというのが、私の今の思いです。

■八王子市東部地域　地区ごとの特徴　＊次頁の表・地図を参照。

八王子市東部地域の居住に関する意識調査（選択式回答）では、77・3パーセントの住民が「定住意向あり」と回答しているが、他地域と比べると低い傾向にある。また、「市民の一員としての意識を持っている」と回答している人は55・5パーセント。「地域の一員としての意識を持っている」と回答している人は61・5パーセントで、他地域と比べると低い傾向にあるものの、市民としての意識よりも地域の一員としての意識が高いというのは、他地域に見られない傾向であり、東部地域の特徴といえる。住環境に対する満足度は、「自然環境」が92・3パーセントと高い数字が出ている。（出典：八王子市ＨＰ「八王子市定住意向調査」）

この結果を、公園管理の実態と照らし合わせてみる。現在市民からの要望の多くは「緑地管理」に関することであり、つまりは住民の関心が高いところに要望が来ているということになる。すなわち、公園管理という私たちの仕事は住民の満足度に直結しており、住民との齟齬《そご》がかみ合ったとき、大きな飛躍があると感じられる。

八王子市東部地域　地区ごとの特徴

	地区の特徴	どんな公園が望ましいか
① 松が谷・鹿島	・65歳以上割合が高い。 ・夫婦のみ世帯割合が高い→高齢夫婦の世帯が多いことが伺える。 ・15歳未満人口の割合が比較的低い。	・高齢者に向けた公園が望ましいと思われる（ex. 砂場など遊具は少なくし、ゲートボールができるような環境の整備。根上りの舗装や段差の軽減など歩きやすい園路の整備）。
② 堀之内2丁目	・学生であろう年齢（15～24歳）の割合が高い。また単独世帯の割合も多いことから学生の一人暮らしが多いと考えられる。→堀之内近郊には大学が8校あり、学生の割合が高いと思われる。また、京王線「京王堀之内駅」前ということもあり、食料品店も充実していて生活に不便管は感じられない。都心まで4、50分とアクセスも不便ではない。	・地域活動に興味のある学生もいるので大学と連携し、学生との協働。 ・研究のフィールドとしての活用。
③ 鑓水2丁目	・親と子世帯が高く15歳未満世帯割合が高い→公園を主に利用するファミリー層が多い。新興住宅地の開発が進んでおり、今後他地区からの流入が考えられる。	・子供の安全を考えた管理（遊具の整備、見通しが良いような植栽の管理など）。 ・環境教育の視点（刈り残しなどをし動植物の保全を行うことで自然と触れ合う機会の創出など）。
④ 別所1丁目	・65歳以上年齢人口も高いが、15歳未満人口も高い。同時に3世代世帯が多い。	・両世代が楽しめる場づくり（両世代がともに楽しめるイベントの開催など）。
⑤ 東中野	・学生であろう年齢（15～24歳）の人口が多い→東中野周辺には大学が6校。中央大学の寮があることで学生の年齢を押し上げていると考えられる。	・地域活動に興味のある学生もいるので大学と連携し、学生との協働。 ・研究のフィールドとしての活用。

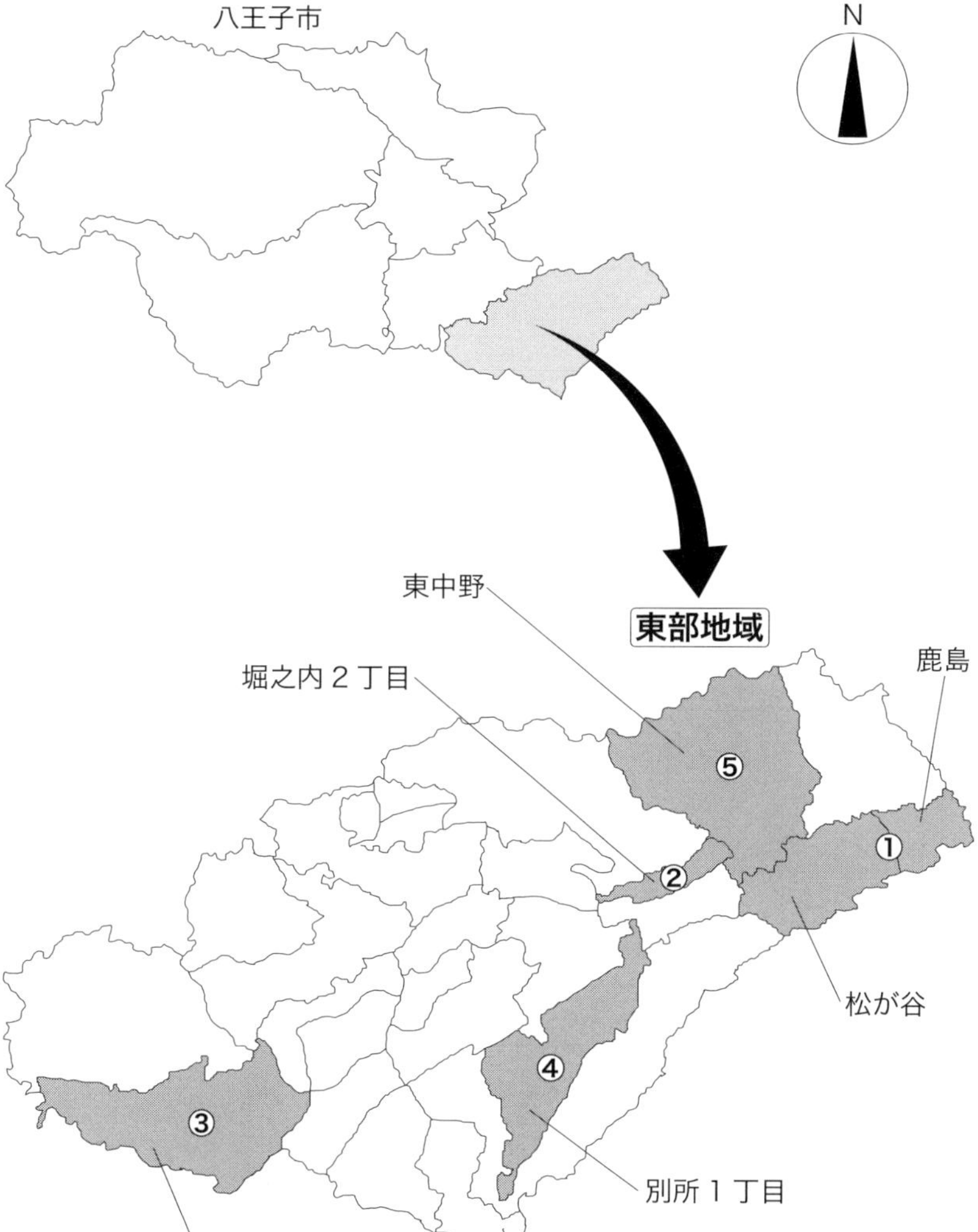
八王子市
N
東部地域
東中野
堀之内２丁目
鹿島
⑤
①
②
松が谷
④
③
別所１丁目
鑓水２丁目

最後に登場してもらうのは、里山活動を研究している大学院生の岡田さんだ。私たちが活動している地域の一部である堀之内地区を専門にしているという。この地域がどんな歴史を持ち、人びとが地域活動とどのように関わってきたのかを紹介していただこうと思う。彼自身はこの地域の住人ではないが、あえて、地域外の専門家という視点を交えることで、地域内の人間だけではよどみがちな空気に新鮮な風を送り込み、我々の活動が活性化されることを期待したい。

小さな里山からの発想——由木を歩いて見えてきたもの

岡田　航

東京大学大学院博士課程。専門は環境社会学・地域社会学。旧由木村堀之内地区を主なフィールドとして人と里山の関わりの歴史について調査している。主要業績は「堀之内の里山ボランティア活動史」(『多摩ニュータウン研究』14、2012年)

由木へ

八王子サザンテラスの建設など再開発の進む八王子駅南口。そこから京王バス・南大沢駅行きに乗り込み、一路南東へと進む。北野の駅を通過すると、バスは野猿峠の坂道を登りはじめる。住宅開発に伴って拡幅された新道は典型的な郊外の様相を思い浮かばせるが、頂上の切り通しを超えるころから少しずつみどりが多くなってくる。ここから先が八王子市由木地区。今からちょうど50年前、１９６４年までは南多摩郡由木村であった場所である。

大ヒットした宮崎駿の映画『千と千尋の神隠し』は、主人公、千尋の両親が運転する車が湯屋という異世界（？）へとつながるトンネルの前に迷い込む場面から物語が始まる。冒頭の場面は実在の世界をモデルにしており、北野駅前にある実在の蕎麦屋「増田屋」や、野猿峠から多摩丘陵の山に入り込んだところにある炉端焼き店「鎌田鳥山」の看板を通過して、間もなくトンネルにたどり着く。つまり、千尋たちが走っていたのは野猿街道。迷い込んだトンネルは八王子市街地から見た由木の入り口あたりにあるという設定になっているのだ。

『千と千尋～』の物語とはそのストーリーは違うが、私も大学4年の夏、「トンネル」をくぐり、いまだにそこから抜け出せていない……。

「自然と人の関わり」に関心を抱いた大学時代

私は大学生の頃からずっと、里山について研究を行ってきた。子どもの頃から自然が好きで近所の雑木林や河原で遊んできた私は、いつしか生き物について研究をしたいと思い、そういう研究室のある大学へ進学しようと考えていた。小学生のときクラス全員で書いた将来の夢に、私は「植物博士」か「花屋さん」になりたいと書いた。それくらい生き物、特に植物が好きだった。

生き物の研究なのだから植物学や動物学、生態学を考えていたが、自分の身近な環境が開発にさらされ、好きな自然がなくなってしまうことのショックを体験したこともあり、広く環境問題について研究ができたり、勉強だけでなく実際に何らかの保護活動に取り組むことができたりしないかと考え、大学を選ぶことにした。

その結果、「人間環境科学科」という学科に進学したが、そこは文系・理系の枠組みにとらわれず領域横断的に学問を行おうというコンセプトでつくられた学科だっただけに、生態学だけでなく社会学、民俗学、農業経済学、都市工学、建築学といった多彩な研究室があり、広い視野から勉強を行うことができた。

大学2年のとき、のちに自分が専攻することになる環境社会学という授業を受講した。自分の身近にあった雑木林や小川という環境で子どもの頃遊んできただけでなく、大学のキャンパスが丘陵地帯にあり、その景観に魅了されていた私は、里山の環境を具体的な研究対象にしてみたいと考えるようになっていた。そうした里山は、二次的な自然と呼ばれ、人の手が加わることにより成立した自然であることをなんとなく学んでいた。そのため、人の生活の視点から環境問題や自然について学ぼうという内容に興味を惹かれたのであった。

環境社会学の授業では、人の暮らしの視点から人間と自然の関わりを捉えていくこと、環境問題を、実際の現場から研究していくことの重要性とおもしろさを知った。そして、環境社会学のゼミに入りたいと思うようになった。

社会学のなかでも、私が専攻する環境社会学という学問では、現場のなかで聞き取りを行ったり、資料を収集したり、実際にそこの人びとが行っている活動を共に行ってみる「参与観察」という手法を行ってみたりする、フィールドワークという手法を重視する。

次第に里山ボランティア活動に関心を持ち、学外の活動のなかで各地の里山ボランティア活動をめぐってレポートを書いていく取り組みを行っていた私は、卒業論文の題材としてもそのようなボランティア活動について書いてみたいと考えていた。具体的な論文のフィールドが決まらないなか、おもしろい場所だと紹介されたのが堀之内であった。都市の住民だけでなく、昔から里山と関わりを持ちながら生活を営んできた農家とも協働するような形で活動を行っている里山ボランティアの形はないのかと思いを巡らしていたこともあり、魅力を感じ、まずは堀之内へと向かってみることにしたのであった。

堀之内で里山を考える

そして、私は東京都によって里山保全地域に指定された宮嶽谷戸へ向かった。ニュータウン開発が行われ、住宅地になっている堀之内南部から、当時開通したばかりの都道１５５号線を北上。北八幡寺芝トンネルを抜けるとその景色は一変した。畑が広がり、時々牛舎や養鶏場があり、牛舎のたもとでは牛がのんびり昼寝をしていた。その景色に驚きながら、大正初期に開削されて以来、地元で「寺沢新道」と呼ばれてきた細い農道に入りしばらく進むと、宮嶽谷戸の入り口にたどり着いた。

東京に長年住んできて、都内でこれだけ広い田んぼをみたことがなかったので、その光景に見とれてしまった。秋の始まりであった。そこでは、代々堀之内に住んできた土着の住民と、堀之内に移り住んだ地元住民とで、里山を維持するための取り組みが行われていた。

それ以来、堀之内のあちこちを歩き回るようになった。大都市ともいえる多摩ニュータウンのたもとで、酪農や養蚕が続けられていること、薪を使っている農家さんの営みや地域で続けられてきた伝統行事の数々……。

多摩で育った私は、地元に対して複雑な思いを抱いていた。都会が好きな人は「東京都心以外は東京ではない」と言って都心に行き、田舎が好きな人は「ここは自然が少ない住宅地」と言って田舎に行く。郊外・ベッドタウンという役割が与えられてしまった多摩地方は、友人たちにとって魅力的に映っていないように思われたのだ。

だけど、こうして多摩地方を歩いていると、多摩にも多摩の固有性が残っているではないか。そのことに感動し、この場所のことをもっと深く知りたいと思うようになった。

こうして堀之内の研究を始めて今年で6年になる。地域のことを調べていくうちに、当たり前ではあるが、当初自分が抱いたような牧歌的な物語で語れるほど単純なものではなく、さまざまな複雑でむずかしい問題も多いことが分かり、未だに堀之内での研究を終えられていない。

しかし、そうした複雑でむずかしい問題に向き合ってこそ、里山とはそもそもどういうものかという、大きな問いにひとつの答えを出すことができるのだと考えている。博士課程の研究がこれからどうなっていくのか不明瞭な部分もあるが、基本的には堀之内、あるいはその周辺の由木地区をフィールドにして研究を進めていきたい。

由木の里山の環境史

ここからは、私がこれまで研究を行ってきた由木の里山について、私が特に調査を深めた堀之内の例を中心にしながら概観していきたい。多摩丘陵の中に位置する由木では、その資源を活かした生活が営まれてきた。多摩ニュータウン建設を筆頭とする大規模住宅開発によりその姿は一変したが、現在では残された里山を活用した里山ボランティア活動が、由木地域東部の堀之内を中心に行われている。

里山を考えるにあたって、まずは由木の里山と人びととがどのように関わってきたのか、その歴史を辿ってみたい。由木地域（江戸時代は武蔵国多摩郡由木領、１８８９年の11か村合併により由木村）は三方を多摩丘陵の山に囲まれ交通不便な土地だったうえ、大型幹線道路や鉄道開発のルートから外れたこともあり、多摩ニュータウン開発が始まる以前は「大都市周辺としては珍しい純農村」と呼ばれていた。

由木の歴史は長い。多摩ニュータウンの開発が始まると開発区域の遺跡調査が続々と行われたが、多くの縄文時代の遺跡が発掘されている。とりわけ堀之内芝原地区にて発掘された多摩ニュータウンNo.72遺跡は、猪を捕まえる罠（落とし穴）である土坑も発見されており、当時の多摩丘陵の森には猪をはじめとした大型野生動物が生息していたことが分かる。

広大な森であった多摩丘陵も、戦国時代から江戸時代になると、地域の開拓が進行する。田畑の面積が拡大し、森林は減少したと考えられるが、その一方で、江戸時代の記録によると、（寛政8年）12月、中山村（現在の八王子市中山）の領主勝田元忠と下柚木村（現在の八王子市下柚木）の領主太田資同は幕府の命を受け、中山村の山中で猪と鹿の狩りを行ったという。当時の由木の山林は開拓が進んだとはいってもまだまだ深く、猪や鹿といった大型野生動物も多く生息していた。そうした野生動物が麓の村に出没し、農業被害を与えていたことがこうした狩猟が行われる契機になった。

農村の近代化と里山

明治期になると、それまでの年貢の物納から税金の金納へと変わり、継続的に貨幣を調達する必要性に迫られる。貨幣経済の浸透は農村をグローバリゼーションや国策の強い影響下に置くようになる。松方正義蔵相（在任：1881〜1892年）の行った緊縮財政政策は国家の財政再建を図ることには成功するものの、その引き換えに松方デフレと呼ばれる、農産物価格の暴落や大不況を引き起こした。とりわけ関東東山地方の養蚕地帯の農村は激しく打撃を受けた。借金返済が不能となり、破産する農家が相次ぎ、自作農から小作農に転落する家が続出するなどした。１８８４年には由木村西部の御殿峠に、武相七郡から数千人とも一万人以上ともいわれる農民が求め結集し、一触即発の事態にまで発展した（八月十日事件）。それほどにまで、農家の生活は窮乏したのである。

こうした状況下、村で推し進められたのは農業の近代化であった。由木村農会が設立されると、村内で由木村農会主催の品評会が行われ、農家の競争を煽った。農作物試作場の設置が行われ、栽培される穀物の品種は生産性が高く耐病性、耐肥性に優れた品種へと変わっていった。これらの取り組みが実り、明治末期に南多摩郡農会（由木村農会の上部組織）が出版した冊子『東京府南多摩郡産業一覧』では、「大いに当業者を奨励しつつありて其の実績着々現出し頗る有望な地位にあり」と評価されるようになる。１９１７年９月３日の東京朝日新聞には、多摩地域の稲作の農業生産性が他県に比べて悪いため、東京府農会が生産性向上に向け改革を行うという内容の記事が掲載されているが、目指すべき高生産性稲作の優良事例としてあげられているのが、由木村で行われているそれである。

新たな農業技術の導入にも意欲的であった。由木の農業を考えるうえで欠かすことのできないものといえば酪農である。由木村松木の名望家井草甫三郎は、餌となる牧草が経費をかけず持続的に利用できる点、養蚕の際に発生する蚕の食べ残した桑の葉も餌として有効活用できる点に目をつけ、千葉県房総地方より乳牛を導入して酪農業を開始した。これが多摩地域の酪農のはじまりとなった。由木村は、この時代における近代化農業を推進する村の旗手として、生活の向上を目指したのである。

冬の農閑期に行われたのは、「めかい」と呼ばれた目籠づくりと、炭焼きであった。目籠は現在伝えられる説によれば江戸時代末期にその製法が伝播したといわれる。特に貧しい農家にとっては貴重な現金収入源であり、夜遅くまで一家総出で1日に何十枚も編まれた。黒炭は明治中期ごろ、従来の白炭に変わってつくられるようになった近代的製法によって改良された炭であり、東京都心における人口増加やそれに伴う暖房需要の高まり、養蚕の生産量の飛躍的な増加に合わせ生産が盛んになった。千葉県佐倉地方から製法が伝わったため佐倉炭（桜炭）という名で出荷された。

大正初期（1917年）、東京府農会が東京の農業の状況や各地の特産品を紹介した冊子『東京府の農業』では、由木村の篠竹について「篠はその原料品の如き明治30年頃までは村内の山野川辺に鬱蒼と自生せしが、近時漸次欠乏し現今は主として神奈川県津久井郡地方に迎くの状なり」（傍線は筆者加筆）と記され、由木村の山林から篠竹が切り尽くされた当時の状況を伝えている。

由木地域で目籠《めかご》が大規模に生産されていたのは1950年代くらいまでなので、70代以降の由木土着の住民たちのほとんどは目籠を製作していたが、その頃にはすでに、津久井郡地方まで刈りに行くことや、同方面から売りに来る業者から購入することで材料を調達するようになっていたのだという。

高度経済成長期以前であっても、地域の生態系は決して同じ状態が続いていたのではなく、人との関係性に応じて変わっていたのだった。こうした近代化の末に成立したのが、短伐期で伐採されるクヌギやアカマツ林がパッチワーク上に広がり、その林床の笹はきれいに刈り取られているような、一般的に「望ましい里山」とされる自然の姿であった。

戦後の由木村とニュータウン開発

１９５９～１９６０年、東京都によって「南多摩文化財総合調査」が行われ、南多摩郡の多摩丘陵周辺市町村（由木村・多摩村・稲城町・町田市）において、生態学・考古学・民俗学・建築学・地理学などの研究者による多角的な調査が行われた。そこで調査団を驚かせたのは高度経済成長期が始まった当時とは無縁な純農村であったことである。調査団は総合調査の報告書に次のように記している。「首都東京の影響圏としては、その力の遅及地域ともいうべく、郊村に見る都市化の現象等も、由木村に於いてはその初潮さえ認められない」

こうした状況を一変させる引き金になったのは、１９６５年都市計画決定された、多摩ニュータウン建設計画である。由木村・多摩村・稲城町・町田市に建設予定地が広がる多摩ニュータウンは、総面積約３０００ヘクタールで、多摩丘陵北部の大部分を開発する計画であった。１９５０～１９６０年代の東京は、毎年30万人を超す人口が流入しており、都心部の地価は高騰を続け、のちに都心部のベッドタウンとなる都市近郊地域はスプロール的な住宅開発が進んでいた。

多摩ニュータウン事業は、こうした乱開発に一定の歯止めをかけるべく、東京都が主体となって数十万人規模の計画都市をつくるという、公共性を持った国策として推進された。

しかし、どのような公共性を持った事業であったとしても、ナショナル・レベルの視点から計画された開発事業が、開発対象となる地域に大きな苦痛をもたらすケースは少なくない。

中でも、多摩ニュータウン事業の特色として特筆すべきものが、それが新住宅市街地開発法（新住法）に基づいて行われた事業であったことである。新住法は、土地の全面買収を円滑に行うため、強制収容権が付与された法律である点に特徴がある。開発区域内での農業の存続は否定され、離農したうえで他業種に転業するか、農業を続けたい場合は他地域に移転して行うかの選択を求められた。

多摩ニュータウン開発事業においても、各地で地元住民たちによる、請願運動を主とする反対運動が相次いだが、中でも長期にわたり、激しい反対運動が行われたのが堀之内住民による反対運動であった。

事業計画が住民たちに通知された翌年の１９６６年には、堀之内住民を中心とした３２０名が美濃部亮吉東京都知事に対し、「旧由木村の全地域を多摩ニュータウン地域から除外する請願」を提出している。農家たちは、３６５日毎日仕事があるという農作業のかたわら、連日東京都庁や八王子市役所を訪れて抗議や議員との折衝を行ったほか、集落には立て看板が設置され抗議活動を行っていった。特に激しく反対運動を行ったのは、酪農家のグループであった。酪農家のグループは外部の市民団体等との連携も強めながら、粘り強い反対運動を行っていった。

こうした反対運動の激化・長期化と建設側の財政的問題により、従来どおりニュータウン建設を行うことが困難になっていく。そして１９８３年、19住区（全部で21の住区からなる多摩ニュータウンのうち、八王子市の東端、京王堀之内駅から野猿街道を挟み反対側に広がる地域）については、東京都によって方針の見直しが示された。酪農地はニュータウン建設区域から除外し、酪農の存続を認めるほか、ニュータウン建設を保留とし、ニュータウン建設の是非を引き続き検討する土地をする保留地が定められた。

一方、酪農地以外の農地は従来通り開発を行う方針が示されたこともあり、「大都市周辺としては珍しい純農村」といわれた由木村の多くの部分は、多摩ニュータウンをはじめとした住宅開発が進んだ。しかし、堀之内では、こうした反対運動が契機になって里山ボランティア活動が盛んに行われるようになっていく。

里山ボランティア活動の始まり

それでは、堀之内の里山ボランティア活動はどのようにして拡がりをみせるようになっていったのであろうか。

反対運動を行った酪農家たちは、酪農地をニュータウン建設区域から除外することができたが、その周囲がニュータウンとなる計画は変わっておらず、酪農を行う際に発生する臭いの問題などによって周囲との軋轢が生じることで、継続的に酪農をできなくなるのではないかと不安視されていた。そこで酪農家のグループは、酪農地とニュータウン区域との間に緩衝地帯をつくれないかという提案を行い、「多摩ニュータウン19住区酪農経営調査委員会」がつくられた。

この委員会の中で出てきたのが農業公園構想という発想であった。それまでは、ただ酪農区域とニュータウン区域を間に距離をつくろうという発想だった緩衝地帯を、酪農家とニュータウン住民の交流の場としようというのである。

この農業公園構想を具体化させるため酪農ビレッジ研究会が結成された。共同研究者として15人の堀之内在住の農家のほか、大学教授、地域計画コンサルタントなどが名前を連ねている。

酪農ビレッジ研究会の活動としては、農業公園づくりに向けての共同研究が行われた。単なる公園の計画にとどまらず、堀之内における農業と都市の共存のあり方まで議論されていた。たとえば、酪農・農業を都市環境の一部として都市住民に理解・評価してもらうことを目的として、住宅づくり一辺倒だった多摩ニュータウンにとって新たな価値を付加する「アグリ・ニュータウン構想」を目指した共同研究が進められた。こうした共同研究はトヨタ財団の研究コンクールで評価を受け、研究助成金を得るなどの成果をあげた。

さらに実践としての活動も始められた。自然観察会や田植え、ハム・ソーセージづくり、茶摘みと製茶体験など、都市住民と農家との交流を中心とするイベントや、環境マップづくりなどのワークショップ、先進酪農地の視察やヒアリング調査など、のちのユギ・ファーマーズクラブの原型となる活動が行われた。

１９８７年7月には、酪農ビレッジ研究会のメンバーだけでなく、より広い人びとで農業を守り育てる輪をつくろうという考えから、酪農ビレッジ研究会が発展する形でユギ・ファーマーズクラブ（正式名称：由木の農業と自然を育てる会）が結成された。クラブの中には草笛の会・畑作グループ・その他農作業の会・機織りの会・養蚕グループといった複数のグループがつくられ、それぞれの活動のほか、八王子市内外で開催されるイベントへの参加や収穫祭が行われてきた。

また、多摩ニュータウン19住区酪農経営調査委員会以来の流れとして、農業公園構想を具体化させていく取り組みを行っているのも特徴である。クラブは年々発展を続け、最も盛んな時期の会員数は３００名以上、環境庁の環境白書（１９９６年度版）にもその活動が取り上げられるなど、当時急速に関心が高まっていった都市と自然の共存をテーマにしたまちづくりのモデルケースとみなされるようになった。

ユギ・ファーマーズクラブの活動はリーダーであった酪農家の死去などを経て、２０００年ごろから活動が縮小されていき、２０１２年末をもって活動休止となっている。それでも現在、堀之内では様々な里山ボランティア団体が活動を行っている。その様子を見ていこう。

里山ボランティア活動の現在

堀之内北部の宮嶽谷戸は、東京都によって都内で２番目に指定された里山保全地域である。２０１４年現在でも里山保全地域はわずか３例しか指定されていないことからも、そのひとつである堀之内の里山は、東京都を代表する里山ということができるだろう。

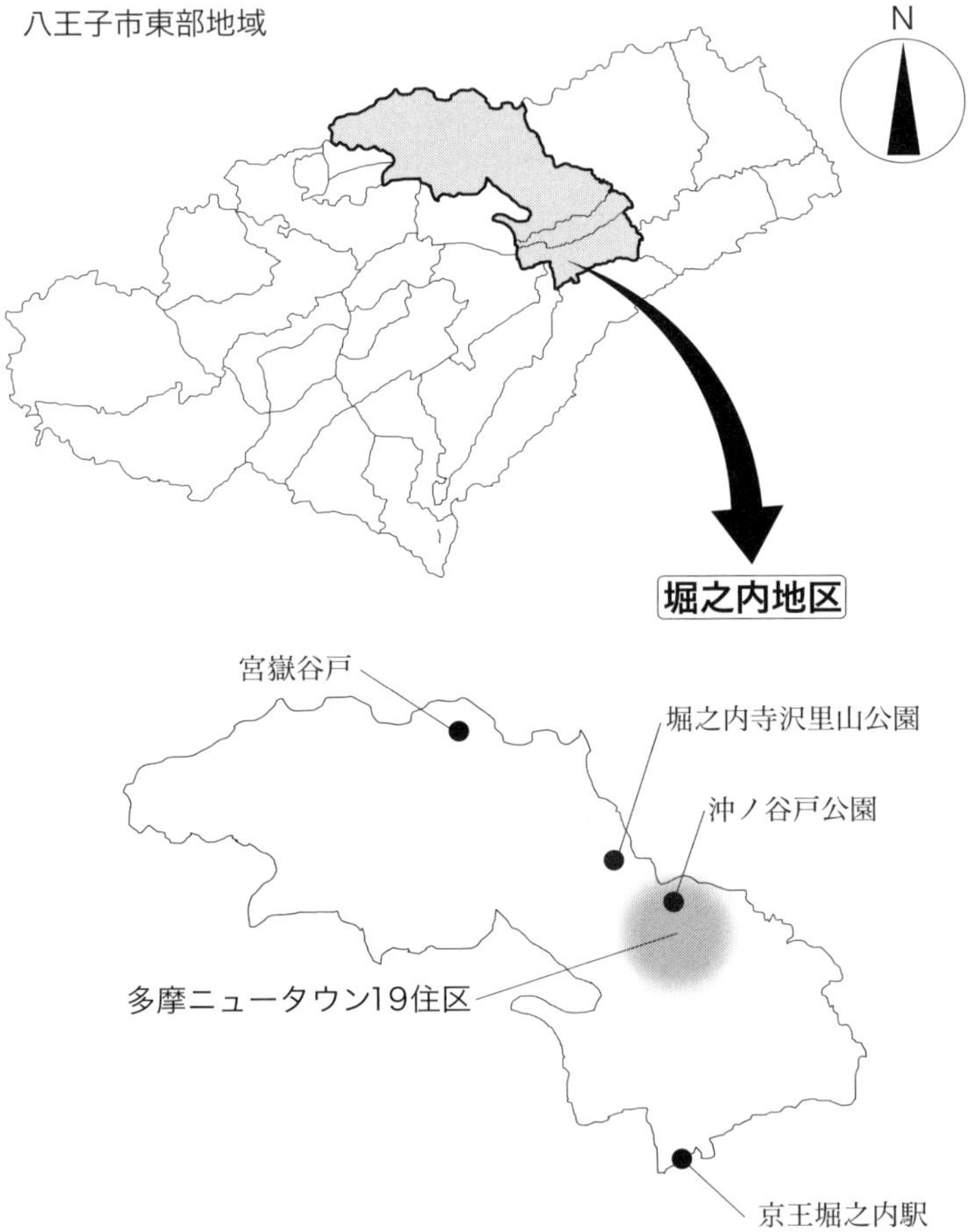
八王子市東部地域
N
堀之内地区
宮嶽谷戸
堀之内寺沢里山公園
沖ノ谷戸公園
多摩ニュータウン19住区
京王堀之内駅

さらに、かつての農業公園構想を引き継ぐ形で開園した堀之内寺沢里山公園があるほか、東部の引切地区には、やはり里山公園として位置づけられている2014年に沖ノ谷戸公園が開園した。これらの場所を中心として、さまざまな里山ボランティア活動が行われている。

宮嶽谷戸を歩くと、田んぼが広がっている。宮嶽谷戸に広がる田畑を管理しているのは複数の団体に及ぶが、中でも多くの田んぼを耕作しているのが里山農業クラブである。

里山農業クラブはユギ・ファーマーズクラブに在籍した経験をもつ堀之内住民が、堀之内の養蚕農家や元農家数名らとともに2000年に結成した団体である。設立当初は復元した耕作放棄畑での畑作業や、竹林を整備し、伐採した竹を使って炭焼きを行っていた。次第に活動規模が縮小したユギ・ファーマーズクラブに変わる里山ボランティア活動の受け皿として次第に規模を拡大させていき、2003年にはＮＰＯ法人化され、宮嶽谷戸での稲作活動や雑木林の整備を行うようになった。以来、宮嶽谷戸を活動の中心にして、谷戸の田んぼでの稲作のほか、近隣の幼稚園・小学校の児童を対象にした稲作体験教室「田んぼの楽校」を行っている。秋から冬にかけては、前述したかつての堀之内の特産品である竹籠「めかい」を、めかいづくりの名人に指導を仰いで制作する「めかい教室」が毎週行われ、活動の柱になっている。

宮嶽谷戸における里山ボランティア活動

堀之内の農業や伝統的な文化・生業の体験をはじめとして、朝市や地域のイベントへの出店、収穫祭などであるが、あくまで身の丈に合った活動と、地域住民の信頼を得ることを第一とした方針がとられている。こうした姿勢により、堀之内土着の住民の参加も多く、次第に農家から農地や雑木林を借り受けることができるようになるなど、幅広い協働関係に基づいた活動が行われている。

宮嶽谷戸の下流側にある田んぼを耕作しているのは「多摩丘陵の自然を守る会」である。多摩丘陵の自然を守る会の田んぼの特徴は、無肥料・不耕起栽培（農地を耕さないで作物を栽培する方法）で生産しているところにある。また、冬でも田んぼの水を張ったままにしておく「ふゆみず田んぼ」という、生物多様性保全に配慮した農法が採られている。無肥料というと生産性がよくなさそうなイメージがあるが、収量は年々上昇しているのだという。

多摩丘陵の自然を守る会は堀之内だけでなく、由木地域全体の里山保全活動に取り組んでいる。１９８３年、南陽台団地の住民たちによって設立され、当初は「南陽台の自然を守る会」といった。その後、南陽台周辺の自然観察会や開発反対運動を行っていたが、その中で、南陽台団地外での自然保護を行うことの重要性を感じ、「多摩丘陵の自然を守る会」と改称し、活動範囲を由木地区全体に拡大した。

その活動は現場での保全管理作業にとどまらず多岐にわたる。南大沢においては、多摩ニュータウン開発にさらされた山林に生育するカタクリを、緑地が保全されることになった公園へと移植を行う活動が、東中野においては、多摩丘陵の里山の景観を色濃く残した山林の緑地保全区域への指定に向けた道筋をつけた。開発反対運動においても、里山保全シンポジウムを開催するなど、幅広いネットワークを構築しながら運動に取り組んできた。

堀之内では前述した田んぼでの耕作活動のほか、会が定期的に開催する自然観察会のコースとして使われていたり、植生調査を行う対象になっていたりする。

宮嶽谷戸には田んぼだけでなく畑も多く残されている。谷戸の入り口に広がる畑を活動場所としている団体が、由木里山保全チームである。２０１３年1月、活動を休止したユギ・ファーマーズクラブの後継組織として発足し、クラブの畑チームがフィールドとしてきた畑を引き継いで作業を行っている。

生産する作物は夏はナスやキュウリ、サツマイモといった夏野菜であり、冬は白菜や小松菜などの葉物野菜のほか、畑の大部分に小麦を蒔いている。由木村はかつて、麦の産地であり、大正時代に東京府農会によって発刊された『東京府の農業』にも、由木村の特産品として麦作が紹介されている。現在、由木地域では農地の減少や小麦価格の下落などにより麦作が行われることはほとんどなくなったが、麦の穂が伸びる5月から6月にかけて、ここではかつての麦畑の様子を見ることができる。

メンバーは4、5人と少数であるが、畑の前に設置してある看板のほか、八王子市役所の広報を見て活動に来る人もおり、広がりを見せ始めている。里山農業クラブ、多摩丘陵の自然を守る会とともに「堀之内里山連絡協議会」を結成しており、毎年1月には宮嶽谷戸に関わる諸団体が共働して谷戸の管理活動が行われている。

堀之内寺沢里山公園において里山ボランティア活動の中心となっているのが、堀之内町会有志によって結成されたまちづくり住民会議を起源にもつ「寺沢里山楽友会」である。

堀之内寺沢里山公園の特徴は、園内に雑木林や田んぼ、畑といった里山環境が整備されている点にある。その中で農作業や雑木林や竹林の整備、炭焼きなど、かつて里山において行われてきた生業が体験できるようになっており、この作業が里山ボランティア活動として行われている。

この活動は毎週1回が行われ、毎回30人程度参加している。里山ボランティア活動の名称は当初「堀之内寺沢里山公園アドプト委員会」（通称：里山クラブ）と呼ばれていたが、その後「寺沢里山楽友会」と改称された。毎回の活動では、「活動を通じて次の世代の人やニュータウン住民に堀之内の伝統を引き継いでもらう」ため、「地元の人が地元のやり方で農業体験」を行っている「昔から農業を営んできた住民は自然を保全することのノウハウを持っている」という。

当初は堀之内町会を中心とした活動であったが、現在では町会の手は離れ、里山公園づくりに奔走した元町会長を中心とした有志による活動となっている。堀之内住民だけでなく、周辺のニュータウンからも参加者が集まっている。

次世代を担う若者を中心とした取り組みも始まっている。堀之内寺沢里山公園や宮嶽谷戸を含む一帯にある寺沢集落はかつて、由木だけにとどまらず、南多摩郡内でも有数の酪農地帯であった。現在では由木地域内において唯一酪農が行われている場所となってしまったが、その一角にあるのが「ＹＵＧＩ ＭＵＲＡ ＦＡＲＭ（通称：おっさん牧場）」である。

東京都初の新規就農者となった若者たちによって、都市近郊だからこそできる新しい農業の形が模索されている。八王子市を中心とした都内各地のレストラン等に直接取引で卸されており、年々その販路を拡大している。こうした野菜の生産・販売だけでなく、大学生や都市住民を対象としたイベントを行っている。田植えイベントや蜂蜜収穫イベントをはじめとした農業体験のほか、自然豊かな景観を生かしたバーベキュー、具体的には親子連れを対象としたウォーキングイベント「ユギ村トレジャーハント」などである。参加者は八王子市や多摩ニュータウン周辺だけでなく、東京都内や周辺の県から訪れる人もいる。

由木の里山のこれから――まとめにかえて

由木村時代から長らく別所長池や周辺の里山の植生調査を行い、長池公園として保存されるきっかけを築いた「八王子自然友の会」会長の畔上能力氏は、先述した多摩ニュータウン19住区略農経営調査委員会の報告書に、「里山公園地域は、単に別所の谷戸のみならず、多摩各地の丘陵部に多数存在すべきものであり、それらが相互に連絡することによって、地域の風土（自然、歴史、生活、景観など）がネットワークされ、はじめて地域特性を具備した環境が生まれる（中略）堀之内地区はＢ―４地区（長池周辺：筆者注）と大栗川をはさんで隣接する地区であり、里山構想に一体化させることで、一段と広域性を発揮する」と記している。里山はそれぞれの単独の区域だけでそのありようを考えればよいというものではなく、広域の空間の中にある複数の里山同士のネットワークも含め、総合的な視点から考えていく必要がある。そのため、由木の里山はひとつの単位として見ていく必要があるだろう。

その長池公園において行われてきた取り組みについては、同地で発足したNPOフュージョン長池理事長の富永一夫氏がこれまで出版してきた著書や、本書においても具体的に記述されているため詳細は割愛し、ここでは新しく行われるようになった活動について、その意義と期待される展望について述べたい。

新たな取り組みとして注目されるもののひとつに、公園管理組織として「スマートパークス由木」を立ち上げ、由木地域の公園管理を開始したことがある。本書の第1章に出てくるような、育ちも専門も多様な若者が地域の自然管理に関わるようになることは、由木の里山と人びととのかかわりの歴史においても、新たな展開のひとつになるといえるだろう。

また、同年10月からは由木つむぎの会のメンバーである地域の住民たちと協働して由木地域の歴史と民俗を考える会である「プロジェクト由《ゆう》」が発足した。ここにも、長池公園自然館で働く若者が主力メンバーとして参加している。里山が人と自然のかかわりによって成立した環境である以上、里山の自然空間のネットワークだけでなく、人的なネットワークの拡大も重要になってくる。

一方でこうしたネットワークを広げていく作業にはむずかしさも伴う。地域において自然保護を行う際、専門家集団が理念を押しつけようとして当該地域の住民の反発を受けて失敗した例は少なくない。住民構成も現在の由木では複雑だ。由木地域はニュータウンや住宅開発による新住民の流入が進んだ。まだ由木村であった１９６４年時点で６２６７人だった人口は、半世紀を経過した現在、11万３４６２人（２０１４年10月31日時点）にまで急増している。長年里山と関わりながら暮らしてきた土着の住民だけでなく、非常に多様な立場の住民が同じ地域で生活しているのである。

こうした点を考えていくと、文化的側面や社会的側面など、住民の暮らしの視点への接近を掲げる、現在の長池公園が取り組もうとしている活動の意義が見えてくる。土着の住民や新住民たちとの交流を広げていく過程において、そうした住民たちの暮らしの論理や現状の課題を知り、精通する。そのことでこれからの由木を構想していくうえでの基礎としていくことができるだろう。こうした人材であれば、外部の専門家よりも地域住民の協力も得やすく、また地域住民の考えに近いアイデアを出すこともできるかもしれない。

こうした視点は私の研究にもつながってくるように思われる。里山のような自然環境をめぐる諸問題は、近年環境政策や自然保護活動の場において、保全すべき重要な環境であるとして盛んに取り上げられるようになった。国際会議の場においても発信されるようになっている。地球環境全体の問題として環境問題を捉え、そこでの決定をそれぞれの国家レベル、さらにそこで決定されたことを具体的な地域レベルへとトップダウン的に決められていくこともある。

こういうトップダウン的な手法で地域の環境問題を考える際には、自然を守ることがいかに大切であるかということを、どのように普及啓発していくかという視点が重要になることが多い。このような全体論的な視点は重要ではあるのだが、一方でそれが現場の論理との間に食い違いをみせ、問題となっているケースもみられるようになってきた。

こうした問題に対して、まずは現場をじっくりと歩き、地を這うことによって現場の論理を深く知り、そこからボトムアップ的に、それぞれの地域においての人間と自然の関係のあり方を考えていくことが必要になってくるだろう。将来的に由木の里山の研究をそのような方向に結びつけていきたいと考えている。

私はひとつのことを深く、しつこく調べることを心がけている。このような調査の仕方は要領が悪いのではないか、もっと効率的に調査を進める方法もあるのではないかと考えることもあるが、ていねいにすることに手を抜きたくないと考えている。もっとも、私よりはるかにていねいでいい仕事をする研究者の方は星の数ほどいるし、ていねいさに欠ける調査をしてしまったと反省させられてばかりいるのだが、今後もそのことを目標にしていきたいと考えている。

第4章

贈る言葉

5人の若者たちへ

新川雅之

富永さんとの出会い

１９９７年10月、多摩ニュータウンで行われた多摩大学主催のシンポジウムに、私はスマートバレージャパン（ＳＶＪ）の実行委員の肩書で、パネラーとして参加していた。本来は、代表の伊東正明さんが参加する予定だったのだが、急遽、ピンチヒッターを引き受けたものだった。

ＳＶＪというのは、米国シリコンバレーで産学官民が連携した地域活性化の手法を日本に取り入れようと、有志で立ち上げた任意団体だ。半導体産業で隆盛を極めたシリコンバレー地域では、かつての活力を取り戻そうと、インターネットを活用した様々なビジネスモデルを産学官民で協働して立ち上げようとしていた。小中学校といった教育現場へのインターネットの活用、インターネットを用いた地理情報の発信、在宅勤務システム、電子投票システムなど、シリコンバレーから新しいビジネスの種を発信して関連企業を集めるとともに、世界に先駆けていち早く先端的なサービスの恩恵を受けられる地域にするという、「産業振興」と「生活の質の向上」の一石二鳥を狙ったものだった。そのキーとなっていたのがスマートバレー公社というＮＰＯであり、ジョイントベンチャー・シリコンバレー・ネットワークという産学官民の連携体であった。

　私は、「新しい産業の振興と地域住民の生活の質の向上」というコンセプトと、その担い手としてのＮＰＯの重要性を、そのシンポジウムでも訴えた。

　シンポジウムが終わって、さあ帰ろうと立ち上がった私のもとへ、客席から一直線に駆けてきた中年の男性――それが富永一夫さんだった。なんと、平日の昼間に会社を休んで聴講しに来られていたのだった。名刺交換の後、「今度、詳しいお話をお伺いにお邪魔してもいいですか？」とおっしゃるので、気軽に「いいですよ。いつでもいらっしゃってください。」と答えた。私の話にピンときてくれたのは嬉しかったが、どこまで分かっていただけたのか不安だったのは確かだ。当時、産学官民の連携とかその担い手としてのＮＰＯとかを言っている人は、ごく少数派だったから。

　その後、まもなくして会社に電話がかかってきた。

「お話をお伺いにまいりたいのですが」

「来週の木曜日なら時間がとれますよ」

「明日のお昼はいかがでしょう？　いくら忙しくても昼休みは食事をとられるでしょうから、ご一緒に昼食でもとりながらお話しさせていただけませんか？」

　さすがは営業マン、強引である。しかし嫌味はまったくない。一所懸命にただひたすら熱心なのだ。どうも富永さんの担当客先が近くにあるらしく、その後も「今日のお昼はいかがですか？」という具合に電話を受けては、何度か昼食を共にしながらＮＰＯ談義に花を咲かせた。

このご縁により、ＮＰＯフュージョン長池の設立以降もずっとお付き合いさせていただいている。富永さんはビジネスマンとして数々の修羅場をくぐり抜けてこられた百戦錬磨の方で、こちらから教えを乞うこともしばしば。私にとっても、いつのまにか富永さんのお話を伺うのは楽しみのひとつになっている。

富永さんのお話は、自分のことを話していてもまったく嫌味がない。「私がやった」ではなく「～が喜んでくれた」「～が活躍した」「～が納得してくれた」といった具合に、すべからく他人目線でお話をされる。「みんなが幸せであればそれでいい」という考え方が身体に染みついているのだと思う。だから、お話ししていて心地よい。

今回の「新川塾」の件を承ったとき、彼らに必ず引き継いでもらわなければならないと思ったのは、この「みんなが幸せであればそれでいい」という富永さんの考え方だった。

5人の若者との出会い

富永さんの息子さんの哲夫さんにお会いしたのは「新川塾」を始める1年以上前の２００９年4月のことだ。富永さんが、会社を辞めてしまった哲夫さんの将来を案じて、再就職できるだけのスキルを身につけさせて欲しいと、私の会社まで訪ねて来させたのだった。

当時24歳だった哲夫さんの第一印象は、まだ学生の雰囲気が抜け切れない自信なさげな青年、といった感じだった。親父さんの「いい意味での厚かましさ」を少しでも身につけてくれたらなぁと思ったものだ。

これではなかなか再就職できないなー、まずは社会で生きていくために必要な生命力を身につけさせなくてはと、真剣勝負で取り組んだ。約２ヶ月間で計6回、私の終業後の夜に約２時間、毎回、慣れないレポートづくりまで課せられて、哲夫さんとしてはたまったものではなかったと思う。今から思えばよく頑張ったと感心する。

富永さんから、「新川さんのところに通ってから、哲夫が変わってきた」とおっしゃっていただいてホッとしたのを覚えている。少なくとも、自分の進路を自分の意志で、自信をもって決められるようになってくれたのだろう。

その後、一般企業ではなく、親父さんのいるＮＰＯに就職することを自ら決断したと聞いて、「決めたならとことんやれ、親父さんにかまわず、まわりになんと言われようが、自分が決めたんだから堂々とやれ」と背中を押した。

大沢さんとは、新川塾の第1回目である２０１０年8月に初めてお会いした。年齢は30歳と聞いていたが、どうみても20代前半の学生さんという感じだった。何を考えているのかよく分からなかったが、本を読めと言えばしっかり読んでくる、レポートを書けと言えばそれなりにまとめてくる、といった具合に、素直で頭のよい青年だった。

結婚していると聞いたのは、新川塾を始めてからだいぶ経ってからの頃だと記憶している。飛び上がるほど驚いたが、「なんだ、男としてやることはちゃんとやってるんだ、それなら心配ない」と妙に納得したものだ。

小林健人さんとは、確か２０１２年の夏、暑気払いの飲み会に参加してきたのが最初の出会いだった。富永さんから、変わった若者がまたひとり増えたと名前は聞いていたが、お会いしての第一印象は、ものすごく観察力が鋭い感性豊かな青年、というものだった。飲み会の終わりに「今日は新川さんとお会いできてよかった」と言ってくれてホッとした。

田所さんと最初にお会いしたのも飲み会だった。2013年の忘年会で、私の転職遍歴を披露したのを覚えている。「人生、やってきたことに無駄はない。いつかきっと役立つときがくる。やってきたことがそのうちにつながってくるから、心配するな」と力説した。私としては、3人の兄貴分として頼りがいがある人がきてくれたなーと、少し安心した。みんなの心の支えになってほしいと思った。

柳田さんは、新川塾に2014年になってから参加してくれた。ほんとに物静かで、何もしゃべらないのだが、参加する意思がないのではなく、何かしたいという思いは黙っていても伝わってきた。何か役割を与えたら一所懸命にやる子だ、伸ばしてやりたいと思った。

感謝の気持ちと心からのエール

新川塾で私が重視したのは「書く」という作業だ。書いてみると、自分がわかっていない部分や納得できていないことがはっきりしてくる。書くこととは、突き詰めれば自分と向き合うことなのだ。

自分と向き合うことの大切さ、人間としてもまっとうな価値観に正直に生きることの大切さ。そして、ひたむきに懸命に考えて実行すれば、困難は乗り越えられる、道は拓けていく、ということ。困難は、困難を乗り越えた瞬間に喜びに変わるということ。そういうことも伝えたかった。

そして、緑の都市賞の国土交通大臣賞受賞。私も「そこまでやるとは！」と拍手喝采した。本当に嬉しかった。あなた方を誇らしく思った。

５人はそれぞれ個性があって、もちろん違う人格なのだけれど、「人の役に立ちたい」という思いは同じ。そして、自分の幸せよりも他人の幸せを自分の喜びにしてしまう、心優しい人たち。富永さんの「みんなが幸せであればそれでいい」という考え方を、引き継ぐまでもなく生まれ持っている人たちだ。

私が20年近く前に訴えていた「新しい産業の振興と地域住民の生活の質の向上」の担い手は、彼らのような心優しい若者たちなのかもしれない。社会が成熟するにつれ産業のかたちも変わり、生活の質も変化する。その変化に「みんなが幸せであればそれでいい」と柔軟に応じながら、新しい世界をきっとつくっていってくれることだろう。

最後に、私に20年近くもずっと夢を見せ続けてくださっている富永さんへの心からの感謝の意と、20年来の夢を実現してくれそうな５人の若者たちへの心からのエールを、贈る言葉とさせていただきます。ありがとうございました。

若者らしい豊かなアイディアを

内野秀重

私の長池公園との付き合いは、長池公園竣工前の１９９９年、都市基盤整備公団（現都市再生機構）から自然環境調査と公園管理指針の策定業務を依頼され、担当責任者として関わったことに始まります。この業務に続き、雑木林や保全すべきハンノキ林、湿地などの具体的な管理方法の策定提案にも着手し、２０００年８月から２００１年の５月まで18回にわたり、試験的な植生管理や保全のための貴重植物の移植などを行い、試行記録として報告書にまとめました。

その後、ＮＰＯフュージョン長池が自然館と長池公園の一括管理を受託するにあたり、富永さんからこれを手伝ってほしいというお誘いを受け、２００６年からの第一期指定管理受託を皮切りに、いつの間にか第二期を経て第三期の９年目までご一緒させていただいています。

富永さんは、ご自分でも言われるように、パークマネジメントの正統ではないところから公園管理の世界に足を踏み入れ、それでいて本能的に公園管理はサービス業であるという本質を見抜いているところが魅力です。

公園管理はみどり相手、自然相手であることは言うまでもありません。それでいて同時に、公園に集う人、見守る人、あるいは横目で見て通り過ぎる人たちをも相手にした、人間管理をおろそかにしていては何もできないということを、富永さんは日々の出来事を事例にぶれずに教えてくれるわけです。自然界の専門家などと私が天狗にならないで済んでいるのは、本当に富永さんのおかげだと思っています。

長池公園や東部地区の公園を担う５人の若者たちにとっては、おそらく、これほどエキサイティングに働きながら学ぶことのできる場は無いのかもしれません。多摩丘陵の自然がいっぱい詰まった公園の動植物との出会い、さまざまな素敵な人、困った人との出会い、それらの人と自然が繰り広げるめまぐるしい出来事、そうした中での公園のメンテナンス。ときとして、くたびれてしまいそうになるときも正直あるのだけれど、「その先に人びとの幸せが広がるから頑張れ！」という富永激励がくだると、自由放任で育てられた私がそれはあまりに過酷なのでは？　などと思うミッションでも、なぜか皆、やり遂げてしまうから不思議です。

若者たち５人との付き合いの長さはそれぞれ異なりますが、日に日に逞しくなっていく彼らを見ていると、ときとして、人はこれほどぐんぐんと成長するものなのかと驚く瞬間があります。

かれこれ８～９年この世界に携わってきて、公園管理は基本的に営利活動としてはなじまないと実感しています。そうであるからこそ、ＮＰＯが指定管理者の代表団体としてハンドルを握ることは、理想的な形態なのではないかと思っています。

公園管理者の使命は、まず、管理する公園や緑地の持つ特性を十分に把握して、その価値を地域の中で輝かせ、機能を発揮させることにつきると考えています。若者たち５人には、すでにそれを推し進める素地ができている、あるいはできつつあり、それぞれの役割を見つけてその使命を果たそうとしている意欲を感じます。今後は、経験を踏み、その行動力、判断力を確かなものにしていくと同時に、若者らしいアイディアの豊かさも期待したいところです。

世の中がめまぐるしく変貌し、不透明な物事も多い昨今ですが、公園や緑地を足がかりに地域の人の心をつなぐことに心をくだき続ければ、いつか何かが変わる。公園管理という枠組みを超えたもっと大きな何かが動き出す。そんなことが、彼ら5人が力を合わせれば実現するのではないか。そんな事を夢見て、彼らへの贈る言葉といたします。

おわりに

個性を肯定して「思い」を伝える

ライター　永井祐子

私が長池公園の自然館に初めて足を運んだのは、まだ夏の盛りのことでした。それから数ヶ月間、富永理事長がどんな思いでNPOフュージョン長池をつくり、活動をしてきたか、そして、そこにひとり、またひとりと若者たちが集まってきて今に至るまでのお話を、じっくりと聞かせていただいてきました。

独特の比喩表現も交えながら、自らの思いを圧倒的な説得力で語る富永さんの言葉は、実に明快で分かりやすいものでした。そして、決してぶれることがない「熱い思い」が強烈に伝わってきます。おそらく、同じ話を何度も何度も繰り返し聞かされてきたであろう若者たちの中には、「富永イズム」が深く根付いていることは、折りに触れ感じられました。

強烈な個性を持つ富永さんの信念に魅せられていく、素直でおとなしい若者たち。ともすると、それはまるで「教祖とその崇拝者たち」というような構図になってしまいがちです。しかし、そうした関係と決定的に異なるのは、富永さんが彼らひとりひとりの個性をよく見極め、そこに寄り添おうとしているからなのでしょう。

彼らがやっていることをじっと見守り、何を困っているのか、何が分からないのかを探ろうとする。その上で、彼らひとりひとりの長所・短所を端的に分析し、それを分かりやすい言葉で彼ら自身にも伝える。それが、富永流の若者育成術なのです。

特に印象に残ったのは、本人の前で繰り返し、具体的に褒めることです。人間、「あなたのいいところはこういうところ」と指摘されると、最初は「そうかな?」と思っても、心のどこかにそれが残って、知らず知らずのうちに刷り込まれていくところがあるものです。それは自信にもなるし、その期待に応えられる人間であろうという思いにもつながります。富永さんのことですから、それを承知で意図的にやっているのかもしれません。

しかし、「褒めて育てる」というのは、口でいうほど簡単なことではないのです。とってつけたように褒めてもダメだし、褒めてばかりでも効果はありません。その点、富永さんは短所もハッキリと指摘するし、叱るときは厳しそうです。それも含めて、「自分をちゃんと見て、理解しようとしてくれている」という信頼感が成立しているからこそ、彼らも心から納得できるのでしょう。

そうやって「自分の個性を肯定されている」と実感できることで、押しつけられていると感じることなく、さまざまなアドバイスを素直に吸収していけるのだと思います。

5人5色の個性を活かしながら成長を続ける彼らのハーモニーによって、富永さんの思いは次の時代へと受け継がれようとしています。「お世話係になって相手の幸せを考えることで、自分の幸せを見つける」という考え方を、富永さんは彼らたちスタッフに対しても、身を以て示したのだと言えるでしょう。

組織の歯車として効率優先の社会に流されていくことに違和感を抱いていた若者たちが、縁あってここにたどり着き、富永さんの考えに共鳴し、彼らなりの自己実現の場を見つけつつあります。それを可能にしたのは、富永さん、内野さん、新川さんをはじめ、たくさんのおとなたちが、温かく見守ってくれたからだということも、彼らはよく理解しています。

富永さんは、自分たちの思いが受け継がれるのならば、この先組織自体はどうなってもかまわないと断言しています。NPOに限らず非営利団体というものが、その使命を果たすことに存在意義があるのだとすれば、そこに込めた「思い」を伝えることこそが、本当の意味での「後継する」ということなのかもしれません。NPOフュージョン長池の事例は、そんなことを示しているようにも感じられました。

彼らのうちのひとりは「ここに来てから、自分は生きているという実感がある」と語ってくれました。現代社会で、こんな風に仕事に生きがいを感じられる人がどのぐらいいるでしょうか。高額な収入や将来の安泰はむずかしいかもしれないけれど、今こうやって心から意義を感じられる仕事につけて、家族と共に生活できている。そして、そのことの幸せを感じられる。それは、ひとつのユートピアのようにも見えます。

第一世代の思いを受け継ぎ、多くを学びつつある彼らは、この経験を活かして今後どんな風に羽ばたいていくのでしょう。その活躍を、陰ながら楽しみにしています。

「たぬきの見た夢」PART3
――「To be happy」で行こう！

富永一夫

NPOフュージョン長池をめぐる私の挑戦を綴った過去の著書『NPO「ぽんぽこ」』、『市民ベンチャーNPOの底力』は、いずれも「たぬきの見た夢」というあとがきで締めくくっている。この土地が、スタジオジブリの映画『平成狸合戦ぽんぽこ』の舞台となっていることにちなんで、自らを「たぬき」になぞらえた私のひとりごとだ。

私が地域活動に関わるようになって約20年が経つ。その間、富永たぬきはいったい何を夢見て突き進んできたのだろうか。

先日、ある海外メディアからそれを聞かれたとき、私の口から出てきた答えは「To be happy」という言葉だった。あらかじめ用意したわけではなく、その場で思いついた言葉だったが、まさにその通りなのだと思う。

「みんなが幸せだったら、それでいい」。

私の活動の原点はそこにあり、さまざまなことはすべてそこを目指してきた。そして、このたぬきのもとに集まってきた若者たちに託したい思いも、結局はそれに尽きる。

彼らがここへやってきてから今日まで、ときに叱り飛ばしながら、ときに褒めながら、さまざまなことを伝えてきた。新川さんの協力も得てたくさんの知識も授けてもらった。
それは、裸で生まれてきた彼らが、自らを守るために身に着けるべき衣服や鎧であり、幸せを切り開いていくための道具に過ぎない。それが時代と共に古びていき、着替える必要が生じたなら、彼ら自身の力で学んだり道具を創り出したりして、新しい時代の幸せを目指していくのだ。

忘れずにいてほしいのは、自分の幸せを先に求めないということだ。リターンを求めるのが悪いわけではないが、アクションとしてはまず先に相手の幸せを考えること。そしたら必ず相手はお礼を返そうとしてくれる。その結果、お互いの幸せが実現するのだ。

彼らにも折に触れて繰り返し伝えてきたことではあるが、そこだけは地下水脈として継承してほしいというのが、私の切なる願いである。

逆に、その思いさえつないでくれるのならば、そのために何をするかというのは、あくまで策や方法論に過ぎない。私たち第一世代の思い描く形にはめようという気はさらさらない。

持続できる事業型ＮＰＯを目指した私は、たまたま公園管理という仕事を手がけるようになった。しかし、それは彼らに対してエサの取り方、食い扶持を稼ぐ方法を提供しただけのことだ。

公園管理に身を置くこと自体が幸せなのだと思い込んでいると、それがなくなったら幸せではなくなってしまう。しかし、何がテーマであろうと、「人が幸せだったらそれでいい」という究極の幸福感さえ実現できるのであれば、あとは単なる方法論だ。

私たち第一世代は、長池公園をベースキャンプにして、きっかけをつくるところまでやった。今後、彼らが継承したいものは継承すればいいし、他にやりたいことがあるのなら、公園管理に固執することなく、どこかでシフトチェンジして違う世界に挑んでいってもいい。

もちろん、今はまだ、目の前のことを一生懸命やるだけで精一杯だろう。それでいい。今抱えている現実をなんとかできない人間に次の世界はないからだ。いずれ、誰かが一歩踏み出して夢を描き、次の幸せをつかみ取ることを目指し始めればいい。

私は、そんな彼らひとりひとりの夢を実現できるように、生ある限り、できるだけのことはしていくつもりだ。

今まで歩んできた道を振り返ると、あらゆることが想定外の連続だった。しかし、「みんなが幸せならそれでいい」という思いを込めて語り、誰かの幸せをお手伝いしようと構えていると、幸せになりたい人や協力しようという人が集まってきた。そして、それを見ている私も幸せになれた。

それはまるで、愛情を込めて大地を耕し、水をやっていると、太陽の光が当たり、いつのまにか芽が出て、成長して、つぼみが膨らんで、花が咲き、実るようなものだと感じている。そして、その実はやがて大地に戻り、その土地の栄養分となっていく。

そんな自立循環の中で、最初のマザーツリーはどこかで年老いて倒れていくだろう。しかし、たった1本の木だった土地が、やがては百花繚乱の森になっていくのだ。

森ができあがるのは、私が死んだずっと後のことかもしれない。けれども、今、それが現実になりつつある可能性を、私は今まざまざと見せてもらっている。それだけでも、「ここまできたのだ」という大きな幸せを感じている。

この本の最後は、第1章にも少しだけ登場した御舩さんが、生前書き残してくれた言葉で締めくくりたいと思う。住宅・都市整備公団（現在の都市再生機構）の南多摩開発局長として、御舩さんが誕生に力を注いだ多摩ニュータウンは50周年を迎えようとしている。そして今、この街に新たな森が生まれつつある。御舩さんはきっと、その姿をこれからも空の上から見守ってくれることだろう。

私の願い

御船　哲

台風一過秋晴れの富士山が尾根幹線から眺められると書けたのはいつまでだったでしょうか。30万人の多機能複合都市として開発の第一段階が終わった２０００年には、それまでの眺めが一変してしまいましたね。秋晴れは毎年めぐってきますが、地上の眺めは随分変わりました。

今、変えられないものを拾い出してみると、人は家族を単位として住む。住む空間はあるひろがりがあっても、外側に境を画するものがある。家族を決定づけるのは、相手を好み、共に生きることへの信頼感である。その家族が画された住む空間の内と外に何を配分するかは誠に多様化したが、共にすることが家族の支えであることは変わらない。

多摩ニュータウンに人がいまも住み続けているのは、身近な場所に家族が個でなく共同で使いたいもの、力を合わせてやりたい活動を支える場が、多様に用意されているからである。秋の1日には、特に広い空間で身体を動かすスポーツ、演劇、音楽演奏の場は十分用意されていることがよくわかる。あちこちから楽しい声や響きがきこえてきます。

これからもニュータウンは変わり続けるでしょうが、多摩ニュータウンは「ニュー」であり続けるに違いありません。

もう一度若人になれるなら、ぜひ、このまちでまちづくりを仕事にしてみたいと考えています。

2007年9月15日

富永 一夫（とみなが・かずお）
1952 年生まれ。専修大学卒業。日本テトラパック㈱ 21 年間勤務。1999 年 10 月に退社し、同年 12 月特定非営利活動法人「NPO フュージョン長池」（八王子市）理事長に就任。八王子市立長池公園の指定管理者をしている。内閣府地域活性化伝道師。総務省人材力活性化研究会副座長。東京都水道局水道事業経営問題研究会委員。国土交通大学校講師。自治大学校講師。

永井 祐子（ながい・ゆうこ）
1962 年生まれ。東京女子大学史学科卒。インタビュー、対談、講演会のまとめ記事などを中心に活動中のフリーランスのライター。

NPO の後継者　僕らが主役になれる場所

発行日　2015 年 5 月 1 日　初版第一刷発行

著　者　富永 一夫・永井 祐子
発行人　仙道 弘生
発行所　株式会社 水曜社
〒 162-0022 東京都新宿区新宿 1-14-12
TEL.03-3351-8768　FAX.03-5362-7279
URL www.bookdom.net/suiyosha/
印　刷　日本ハイコム 株式会社

ISBN978-4-88065-361-7